Écrire un roman policier

et se faire publier

Groupe Eyrolles
61, bd Saint-Germain
75240 Paris cedex 05

www.editions-eyrolles.com

© Groupe Eyrolles, 2009
ISBN : 978-2-212-54413-8

Alain Bellet

Écrire un roman policier

et se faire publier

EYROLLES

Du même auteur

Polars et romans noirs

Fausse Commune, Le Passage, 2003.

Danse avec Loulou (Le Poulpe), Baleine, 1998.

Saison d'hivernage, roman noir, In Fine, 1993.

Les anges meurent aussi, avec Frédéric Larsen, Gallimard, 1991.

Aller simple pour Cannes, Éditions de l'Instant, 1990.

Documentaires

Paris de Papa, Paris de 1945 à 1970, Terres éditions, à paraître en août 2009.

Paris lumière, photos Patricia Baud, Atlas, 2009.

Encyclopédie des rois de France, collectif, *Philippe Auguste*, éditions Atlas, 2009.

Vie d'ici en ville, mémoires vives, photos Patricia Baud, Centre régional d'Art contemporain de Basse-Normandie, 2008.

La Belle aux bois des forges, photos de Patricia Baud, 2007.

L'Usine de ma vie, photos de Patricia Baud, Cherche-Midi, 2005.

P'tits Enfants du bassin minier, photos de Patricia Baud, L'Œil d'or, 2005.

Mosaïques, photos de Patricia Baud, L'Œil d'or, 2005.

Paris, capitale des arts et des révoltes, Alfil, 2000.

L'Art pour mémoire, photos d'Éric Larrayadieu, CCAS, 1995.

Achères, c'est mon nom… !, photos de Patricia Baud, In Fine, 1993.

Champ social, livre collectif, Maspero, 1977.

Récits littéraires

Histoires d'en Risle : Les Dominos de Montfort, photos de Hugo Miserey, Krakoen, 2006.

Jeanne et André : Un couple en guerre, L'Œil d'or, 2005.

Dans la brume de l'Aude, roman, Companhs de Caderonne, 2001.

Voyage en grande terre, photos Patricia Baud, Brut de Béton, 1998.

Nuit agenaise, récit, photos de Patricia Baud, La Barbacane, 1997.

Jeanne et André, un couple en guerre, La Barbacane, 1991.

Romans pour la jeunesse

Virée nomade, Monde Global, à paraître en 2009.

Fleurs de pavé, un printemps d'Haussmann, Oskar Jeunesse, 2009.

Les Chevaliers de la Table ronde, album, Auzou, 2009.

Le chevalier Du Guesclin mène l'enquête, illustrations de Marcelino Truong, Oskar Jeunesse, 2008.

La Dicteuse de lois, récit, réédition, Encre Bleue, 2002.

La Dicteuse de lois, récit, Balzac (Canada), 1999.

Les Mutins du Faubourg, roman historique, Magnard, 1999.

Le Noyé du canal Saint-Martin, roman historique, Magnard, 1998.

Le Gamin des barricades, roman noir historique, Milan, 1996.

La Machine à histoires, illustrations de Charly Barat, Le Verger, 1994.

Matelot de la Royale, roman historique, Milan, 1992.

Le Petit Camisard, roman historique, Nathan, 1991.

Remerciements de l'auteur

Pour leurs réflexions et leurs réponses à ses questions, à :

Stéphanie Benson, écrivain (adultes et jeunesse)

Anne Pambrun, professeur de littérature

Dominique Paquet, comédienne, philosophe et dramaturge

Didier Daeninckx, écrivain

Maître Thierry Domas, avocat au barreau de Paris

Robert Mac Kee, scénariste

Serge Livrozet, écrivain et ancien perceur de coffres-forts

Michel Louvet, ancien colonel de la Gendarmerie nationale

Patrick Raynal, écrivain et éditeur

Remerciements particuliers et chaleureux à Dominique Paquet pour ses nombreux conseils et sa relecture attentive.

À la mémoire de Frédéric Fajardie

Sommaire

Deuxième partie • Le cœur du texte

Troisième partie • Les questions majeures

Annexes

Avant-propos

Vous envisagez d'écrire un livre et vous vous documentez en ce sens. Pour apprendre et maîtriser la composition d'un récit quel qu'il soit, il convient de s'atteler à la tâche et d'écrire, écrire, encore et encore...

Sachez que l'écriture n'arrive pas qu'aux autres et les millions de livres qui dorment à perpétuité dans les trop vieilles bibliothèques n'y sont pas toujours pour quelque chose...

Pour moi, l'écriture est un jeu complexe de navettes entre les autres et soi-même, entre le monde tel qu'il se montre à voir et une intériorité toujours mutante, éternellement en devenir.

Personne n'apprend réellement à écrire, on se jette un jour dans l'écriture comme un besoin d'air pur, un geste de sauvegarde, un espace à gagner sur le monde rationnel, un lieu de retrouvailles avec sa propre histoire, sa part d'humanité.

Allez, une confidence intime pour commencer : l'école ne m'a jamais donné envie de lire, pas davantage d'écrire, d'ailleurs...

La littérature me semblait décalée du réel. Écrire, c'est toujours viser l'autre, c'est l'école de l'autre qui donne à notre langue la patine du temps et la nécessité de s'offrir... L'autre soi-même, dissimulé sous sa carapace, l'autre qui prend le temps de poser un regard oblique, l'autre, croisé au hasard d'un chemin de traverse et

1

qui deviendra personnage, l'autre, sans mystification, devenant lecteur le temps d'une rêverie…

L'autre, c'est notre bonheur et notre condamnation, l'Enfer, affirmait le philosophe du Néant… Personnellement, les autres m'ont toujours intéressé, questionné, attiré. Proches ou anonymes, ils s'imposent toujours dans mes plates-bandes, mes romans, mes documentaires historiques, les rencontres et les nombreux ateliers d'écriture conduits depuis vingt ans.

Après le désir d'écrire surgit la question du genre littéraire. Confidence : j'aime cheminer d'un genre à un autre, roman noir, polar, récit littéraire, texte historique, roman pour la jeunesse, documentaire de mémoires vives et propos recueillis…

Sans doute, est-ce la quête d'une humble mémoire à travers l'histoire d'hier et celle qu'écrit notre époque qui me sert de boussole.

Des histoires s'inventent, se reforment, se recomposent, sous la plume ou le clavier. Les humains sont toujours mobilisés et parfois le roman me semble constituer un détour. J'aime aussi le documentaire, les paroles d'autrui recomposées, un réel d'aujourd'hui ou d'autrefois à peine mis en scène. L'essentiel reste le dire, le sentir, le hurler. Le convaincre aussi, et là, l'autre pointe à nouveau sa fragile silhouette…

Auteur d'une bonne trentaine de livres (récits, romans, documentaires, livres pour la jeunesse), j'ai écrit cinq romans policiers, mais je crois que c'est l'ensemble de mon travail qui m'autorise ci-après à dispenser quelques conseils, à offrir des éléments de méthodes, l'ébauche de quelques analyses.

2

PREMIÈRE PARTIE

Les bases du genre

Vous décidez d'écrire un polar...

Un soir, vous refusez une sortie, évitez d'ouvrir la télé, fermez brusquement un roman inachevé, vous n'êtes là pour personne, votre décision est prise : vous allez écrire un polar et vous commencez tout de suite !

Apparemment, cela vous semble plus facile que de choisir un autre genre littéraire. La littérature générale, le roman vous apparaissent hors de portée. Vous pensez que les grands écrivains appartiennent à un monde inaccessible... En revanche, ce que l'on nomme d'une manière péjorative le roman de genre vous semble un objectif plus facilement réalisable.

Le plus souvent, chacun admet volontiers qu'un roman policier peut capter notre attention sans trop d'effort et bénéficie d'une facilité de lecture. Certes. Cependant, entre lire et écrire, un long chemin subsiste.

Pourquoi écrire ?

L'idée de se lancer dans l'écriture d'un livre répond souvent à un désir, à une envie forte d'exprimer ses pensées ou ses critiques à l'égard du monde qui nous entoure.

Paroles d'éditeur...

> *En tant qu'éditeur, j'ai découragé peu de gens. Pour moi, l'éditeur, c'est un regard objectif et gentil sur votre travail. L'éditeur sera de votre côté avec un œil non complaisant. Il ne faut pas être dedans, mais rester extérieur, deux conditions indispensables pour trouver les meilleurs manuscrits...*

Patrick Raynal

Tenter de se jeter dans la composition d'un roman policier, ou d'un polar, part aussi souvent du refus de trop s'impliquer personnellement dans le contenu même d'un projet de livre.

Des crimes, des délits, la vie interlope de malfrats ou de criminels, les questionnements et les errances des enquêteurs, ce ne sont pas là les ingrédients de votre quotidien, vos références de chaque instant.

En effet, le choix d'un polar va vous permettre de naviguer dans l'imaginaire, éloigné de votre propre existence, de vos propres routines. Loin de vous mettre en scène ou dans une logique introspective, vous ne serez guère présent dans les pages ; à moins naturellement d'avoir trempé de près dans une affaire réelle ou de pratiquer l'une des professions concernées par le genre, il y a globalement moins d'implication personnelle que dans la littérature dite, communément, blanche…

Cette envie de vous jeter dans un chantier épistolaire de plusieurs mois, maturée ou saugrenue, est assez proche d'un jeu solitaire, ou pourquoi pas à plusieurs. Mais qui dit jeu doit intégrer des règles, acquérir un règlement, respecter une marche à suivre. En un mot réfléchir à un ensemble de décisions à prendre avant de se jeter, à l'aveugle, sur la feuille blanche.

Derrière votre décision de tenter l'écriture d'un roman policier se cachent sans doute des motivations singulières. Cela peut être le désir avoué de régler facilement des comptes de papier avec de vraies situations connues ou traversées.

Si le roman policier classique s'évertue à présenter une énigme ficelée et à suivre le raisonnement d'un enquêteur chargé de résoudre une affaire en maintenant le suspense jusqu'au bout, le roman noir ou le polar à la française constitue souvent une sorte de machinerie visant à dénoncer un fait sociétal ou une réalité connue. Dans ce cas, l'aventure délictuelle ou criminelle inventée sera la plupart du temps un prétexte pour développer une critique acerbe d'un problème de société ou plus généralement de la politique d'un pays.

Paroles d'avocat lecteur...

Lecteur de romans policiers, pour moi, un bon polar est un livre qui me passionne totalement au point de ne pas avoir envie d'interrompre ma lecture tant le récit me prend. La qualité d'une intrigue et la cadence du récit me semblent être les éléments les plus importants du genre.

Le roman policier est une voie d'entrée sur la société qu'il décrit et peut contenir des critiques sévères sur certains de ces aspects, mais pour moi, son rôle reste essentiellement celui que j'attribue à la forme romanesque. Captiver, occuper, distraire.

Dans le roman français, les personnages qui me sont familiers, c'est bien sûr le policier, l'avocat quand il est un personnage important et le juge d'instruction ou le procureur, acteurs incontournables du théâtre judiciaire.

Mais les romans policiers ne sont pas toujours vraisemblables du point de vue professionnel. Les plus connus et souvent les plus intéressants ont été écrits par des auteurs qui ont fait l'effort de connaître la réalité des milieux qu'ils décrivent, bien davantage que ceux des films ou des séries qui ont un mal fou à ne pas se tromper... Pensons aux scènes de procès devant les tribunaux français où l'avocat dit : objection, votre Honneur ! (formule récurrente des feuilletons américains). Quant à l'impact de ces œuvres, je ne pense pas que le roman noir à la française fasse bouger quelque peu la police, pas davantage la magistrature...

Maître Thierry Domas

Raconter la vie

Vous allez raconter une histoire. Vous serez auteur certes, mais aussi conteur. Pour rencontrer immédiatement l'adhésion d'un lecteur, vous devez admettre que le matériau essentiel d'une histoire concerne l'humain et ses caractéristiques propres (la fameuse nature humaine !) et non la réalité froide d'un délit ou d'un crime.

Se posent alors les questions des conduites humaines de vos personnages, des registres des relations tissées, de la nature des humanités brassées par une intrigue.

Paroles d'écrivain...

Un conseil pour écrire un polar ? D'abord, ne touchez pas à l'écriture, sérieux, c'est un piège ! Mais si vous décidez d'y toucher quand même, tant pis pour vous, il faut prendre des risques. Avec le roman, nous ne sommes pas dans la recherche de la vérité mais dans l'organisation du vraisemblable. Un bon livre sera celui qui donnera au lecteur un sentiment d'apesanteur. J'aime les livres qui m'obligent à marcher sur les lignes de l'ouvrage comme si j'étais un funambule, avançant sur un fil à cinquante mètres de haut, un balancier en main...

La question centrale reste celle du vertige. Il ne faut pas avoir le vertige en écrivant, mais il faut évidemment le donner, le transmettre au lecteur...

Didier Daeninckx

Les origines
du roman policier

Peut-on trouver la genèse de la littérature policière dans les romans « effrayants » plantés dans la fantasmagorie de châteaux tourmentés, livres que dévoraient les jeunes filles de l'aristocratie et des bourgeois éclairés, à l'aube de la Révolution française ? Oui, indéniablement. Les années noires et sanglantes suivant l'abolition des privilèges offrent un décor de cauchemar pour cultiver ses peurs, entretenir un rapport ludique à tout ce qui peut effrayer un lecteur.

La mise en scène de la criminalité a toujours impressionné l'opinion.

Les crimes, les vols, la violence gratuite, les mœurs dégradées sont autant de sujets disponibles pour devenir des éléments fictionnels. Ce que les chroniqueurs des débuts des journaux populaires nommaient déjà des « faits divers » passionnaient davantage leurs lecteurs qu'ils ne les repoussaient.

Le fait divers et l'écho de masse que l'on va lui donner correspondent objectivement à plusieurs fonctions :

- Tout d'abord, redéfinir à chaque occasion de débordement de la règle ou de transgression de la loi ce qui sort du cadre, ce qui est blâmable, condamnable et, en conséquence, passible d'une punition. La mise en spectacle du délit permet l'affirmation des règles sociales, désignant brutalement celles et ceux qui ne les respectent pas. Le fait divers est un dérivatif au quotidien sombre ou difficile. On applaudit les exploits délictueux, on suit la traque policière d'un criminel. La dose de grands frissons et les peines promises inscrivent dans la tête du lecteur le respect de l'ordre comme une priorité absolue.

- Le spectacle du fait divers éloigne le peuple de ses revendications, de l'organisation même d'une résistance. Se passionner pour un meurtrier, se pâmer à la lecture d'une aventure délictuelle extraordinaire fait oublier pour un moment la lutte de classes, notamment dans la période des grandes révolutions sociales de la moitié du XIXe siècle. Lorsque le tueur en série romantique et homme de lettres Pierre-François Lacenaire défrayait la chronique, le peuple de Paris ne pensait plus à ses mauvaises conditions de vie, de travail.

- S'amuser des difficultés policières pour appréhender un tueur récidiviste constitue un dérivatif à la confrontation sociale d'un monde en mutation profonde.

Le crime à la une

L'histoire sociale cahotante du XIXe siècle est ponctuée d'affaires célèbres et de crimes épouvantables que la scène du mélodrame popularise.

Plus tard, le roman peu onéreux et le cinéma exploiteront sans vergogne meurtres et cambriolages spectaculaires.

Dans *L'Auberge des Adrets*, l'illustre Frédérick Lemaître (immortalisé par *Les Enfants du paradis*, film de Marcel Carné) interprétait le rôle de Robert Macaire, un bandit affairiste et sans scrupule que les spectateurs du « boulevard du Crime » affectionnaient particulièrement. Ils s'identifiaient à ce voleur pouvant ressembler à n'importe quel tire-laine alentour.

Pourquoi imaginer, inventer de fond en comble de sombres histoires que la réalité nous livre chaque jour avec une régularité époustouflante ? Des figures monstrueuses ou plus attachantes s'imposent. Les petits journaux illustrés constituent l'âge d'or de la presse. On sait désormais à peu près lire dans les milieux populaires des grandes villes et tous les malfrats aux sombres desseins deviennent de croustillants sujets de conversations, d'émois, d'affects.

Sur la première page, le dessinateur de presse noircit les traits du criminel, il expose ses armes, effraie à l'envi.

Le lecteur tremble, se mobilise, s'émeut. La gravure souligne en quelque sorte la posture même de la victime représentée ou celle de son assassin. De terribles détails induisent volontiers du lyrisme et exploitent à souhait une théâtralisation du meurtre commis : les yeux qui roulent, la bouche ouverte, le sang qui coule à flots...

De la présentation outrée du réel au roman, un genre vient de naître. La criminalité sous toutes ses facettes va peu à peu devenir un centre d'intérêt, déjà présent dans certains romans d'Émile Zola, d'Eugène Sue, de Balzac bien sûr.

Edgar Allan Poe invente le « roman policier » dès 1843 avec plusieurs nouvelles littéraires dont *Double Assassinat dans la rue Morgue* traduit par Charles Baudelaire, dans lequel le premier des détectives privés de la littérature, le chevalier Dupin, va résoudre ce que la police officielle n'a pu, n'a su faire.

Le premier pas est fait. Dans les années qui suivent, le roman policier se structure, se développe et, en tant qu'objet d'étude, il va rencontrer ses analystes.

© Groupe Eyrolles

Le professeur de littérature Anne Pambrun le définit comme « *un récit rationnel dont le ressort dramatique est un crime, vrai ou supposé* ».

Le nom générique *roman policier* englobe plusieurs genres bien spécifiques avec leurs contraintes précises et leurs références propres.

Les différents romans policiers

Le roman de mystère ou d'énigme

Il peut présenter un problème autre qu'un crime, et la frontière avec le fantastique semble, ici, assez poreuse… C'est aussi la spécialité française du roman d'aventures. Fantômas figure en bonne place des héros du roman de mystère.

Le roman d'enquête

Le roman d'enquête met en scène un policier ou un détective privé. Il devient au fil des ans l'archétype du genre. Un délit ou un crime a eu lieu, un enquêteur est chargé de trouver le coupable. Le livre l'accompagnera du début à la fin, le lecteur devenant le complice du raisonnement, des questionnements… Les plus fameux personnages de détective viennent du roman d'enquête : Sherlock Holmes, Hercule Poirot, etc.

Le roman noir

Par-delà l'intrigue, le roman noir critique la société, ses déviances et ses dysfonctionnements. Il donne à voir l'état du monde, les tensions sociales et leurs conséquences.

Les humains en mouvement en sont souvent les victimes et se débattent dans une urgence de résister, une nécessité de survivre. L'archétype de la figure du détective privé dans le roman noir reste le personnage de Dashiell Hammett : Sam Spade.

Le roman de cambriolage

Ce roman exalte une aventure extraordinaire. Le voleur intrépide séduit toujours son lecteur. Le personnage sera plaisant, humain, souvent altruiste et enchanteur à la Arsène Lupin.

Le roman policier historique

Le roman policier historique inscrit l'intrigue dans une autre époque que celle vécue par les lecteurs... Le livre fera découvrir des réalités peu connues, recomposera une psychologie singulière, guidera dans des contextes sociaux ou politiques recomposés... Le commissaire au Châtelet, Nicolas Le Floch, est un personnage typique de l'enquêteur de roman policier historique en ce qu'il permet l'entrée dans un univers, une époque et des personnages choisis et rigoureusement décrits : la vie parisienne sous les règnes de Louis XV et Louis XVI.

Des antihéros sympathiques

Dans la dernière décennie du XIXe siècle, l'ouvrier, le pauvre, l'alcoolique, tous ceux que la bourgeoisie avide de réussite rassemble sous l'étiquette « classes dangereuses » deviennent les héros repoussoirs d'aventures à découvrir avec délices. Un double mouvement s'opère alors. La presse quotidienne va multiplier l'information des faits criminels et l'État lance les fondements d'une nouvelle police fondée sur des découvertes récentes. La photographie, la reconnaissance des empreintes, la morphologie, la graphologie, l'anthropométrie du docteur Bertillon vont contribuer à faire des enquêteurs traditionnels de farouches limiers. Dès lors, arsenal compris, ils peuvent devenir des personnages intéressants pour captiver l'attention d'un lecteur.

En 1863, Émile Gaboriau sera le premier auteur français à construire une intrigue romanesque, sur les pas mêmes des policiers chargés de résoudre une enquête, dans une ambiance teintée de mélodrame. Petite ou grande, la ville est là, comme décor, comme personnage transcendant avec ses problèmes spécifiques.

> « *Rien plus n'existait qu'un crime dont l'auteur était à découvrir et un juge : lui. Mais, il avait beau exagérer sa roideur habituelle et ce dédain des sentiments humains qui a fait à la Justice plus d'ennemis que ses plus cruelles erreurs, tout en lui tressaillait d'une satisfaction contenue, tout, jusqu'aux poils de sa barbe, taillée comme les buis de Versailles… »*

> Émile Gaboriau, *La Corde au cou*

Totalement lié aux débuts de l'ère industrielle, le roman policier change la donne. Le mystère mute problème. Le héros romantique devient un professionnel muni de savoir-faire et de ressources scientifiques aux seules fins de résoudre une énigme.

Glacé et chargé seulement de régler une question posée, Sherlock Holmes, imaginé par Conan Doyle, deviendra l'archétype du héros de ce nouveau genre.

> « *C'était le surlendemain de Noël. Je m'étais rendu chez mon ami Sherlock Holmes afin de lui présenter les vœux d'usage… Je le trouvai en robe de chambre pourpre, allongé sur son divan, son râtelier à pipes à portée de la main. Sur le parquet, un tas de journaux, dépliés et froissés, indiquait qu'il avait dépouillé avec soin la presse du matin.*

> *On avait approché du divan une chaise, au dossier de laquelle était accroché un chapeau melon graisseux et minable, bosselé par endroits et qui n'était plus neuf depuis bien longtemps.*

> *Une loupe et une pince, posées sur le siège, donnaient à penser que le triste objet n'avait été placé là qu'aux fins d'examen.*

— Vous êtes occupé, dis-je. Je vous dérange ?
— Nullement, Watson ! Je suis au contraire ravi d'avoir un ami avec qui discuter mes conclusions... »

Conan Doyle, *L'Escarboucle bleue*

En France, Maurice Leblanc ou Gaston Leroux conserveront toujours certains ingrédients du roman d'aventures, notamment la question des passions, celle des idéologies en présence, celle de la morale collective d'une époque. Arsène Lupin ou Fantômas s'inscriront dès lors dans un contexte d'oppositions sociales fortes où la compassion du premier n'aura pas grand-chose à voir avec la dureté glaciale, voire meurtrière, de l'ennemi juré du journaliste Fandor et de son ami personnel, le commissaire Juve.

L'âme du roman noir

Désormais, dans la plupart des romans, le lecteur sera confronté à des aventures construites à la frontière du vraisemblable. Le roman d'aventures classique laisse peu à peu place au roman d'enquêtes. C'est alors l'apothéose du détective, public ou privé, chargé de résoudre un problème et de trouver, le plus vite possible, les coupables… À l'origine, en effet, le roman policier s'attache à la personne même de celui qui doit résoudre la responsabilité d'un délit. Il est le héros, le personnage principal et tout s'organise autour de la quête de la seule vérité.

Depuis, tout au long du XX\ :sup:`e` siècle, différents genres de romans policiers, pouvant être classés en deux grandes familles, se sont succédé, jusqu'au roman noir, forme complexe à la frontière entre plusieurs genres.

Les « romans du discours »

Dans ce registre particulier, Agatha Christie et son détective culte, le citoyen belge Hercule Poirot, excellent :

> « — Constatez, mon ami, déclara Hercule Poirot, que les mensonges sont parfois aussi précieux que la vérité.
> — Vous a-t-on dit des mensonges ? demanda Peter Lord.
>
> Hercule Poirot hocha la tête.

> — *Certes et pour diverses raisons. La personne qui, précisément, se devait de proclamer la vérité avec tout le scrupule de sa conscience délicate fut celle qui m'intrigua le plus.*
> — *Elinor ! murmura Peter Lord.*
> — *Justement les témoignages la désignaient comme la coupable et elle n'essaya point de détourner les soupçons. S'accusant d'intention sinon de fait, elle fut sur le point d'abandonner la lutte et de plaider coupable devant le tribunal pour un crime qu'elle n'avait pas commis... »*

Agatha Christie, *Je ne suis pas coupable*

Cherchant des indices pour élucider un crime, le lecteur chemine à côté du héros qui explique sans cesse son raisonnement et ses déductions, mais en omettant volontairement un ou plusieurs détails. Chaque protagoniste présent dans l'histoire peut être un parfait coupable et la démonstration du détective peut sembler valide pour chacun. Enfin, la chute aménagée constitue toujours un grand moment jubilatoire : il s'agit de la grande réunion de dévoilement du coupable.

Cette mécanique de précision va évidemment répondre, en nous perdant un peu, à la question centrale et ludique : qui a tué ?

Les « romans du regard »

Ils s'attachent davantage à la description sans fard ni complaisance d'une réalité, d'un contexte social urbain. Son précurseur, Dashiell Hammett (dit « Dash »), puis Raymond Chandler, dans l'Amérique en crise des années 1920-1930, interrogent surtout les causes profondes de la criminalité ou l'origine de l'acte délictueux. La violence de la réalité environnante pénètre dans la fiction. Alors, l'auteur montre, dévoile, condamne. La société est seule coupable de tous les dérèglements, de toutes les casses psychologiques.

On peut voler parce que l'on a faim, on tue parce que l'usine de Detroit a déposé son bilan... N'importe qui peut devenir un réprouvé, un criminel en puissance, par haine, dégoût, désœuvrement...

La ville, la rue où l'on gâche son existence deviennent le grand théâtre du pire où tout peut déraper... La grande ville sans âme ou les banlieues poisseuses s'imposent comme décors et personnages anxiogènes. C'est toujours la ville qui tue...

Fondateur du roman noir, le grand Dash regarde son environnement, et va dépeindre tout autour d'une intrigue la survie urbaine parfois misérable, confrontée aux malheurs sociaux d'une époque.

De son côté, l'écrivain David Goodis regarde la vie réelle avec un découragement grandissant, débusquant une maladie sociale derrière chaque solitude un peu trop affichée.

> « *À l'autre extrémité du bar, il y avait foule, mais de son côté à lui, il était seul, en train de boire un gin-tonic. Leur gin-tonic était très bon au Laurel Rock mais il ne s'en rendait même pas compte. Pour lui, rien n'avait plus de goût. Alors, ainsi que cela peut arriver à chacun de nous un jour ou l'autre, il envisageait de mettre fin à ses jours. Pourquoi pas ce soir ? pensa-t-il. Aussi bien ce soir qu'un autre. Pas loin d'ici l'eau est profonde, et tiède la mer des Caraïbes. Tout ce que ça demanderait, ce serait quelque chose de lourd attaché à la cheville. Mais on dit que c'est une façon maladroite de se tuer, cet étouffement, cette inondation interne, quel affreux gâchis ! Peut-être qu'une lame de rasoir ferait mieux l'affaire... »*

David Goodis, *Descente aux enfers*

Le héros est usé, ravagé, on ne sait pas exactement s'il va mourir ou s'il va tuer. Les rôles se mélangent, la morale s'est joliment éclipsée, juste le temps immémorial de la crise, crise économique, crise des valeurs, crise de la confiance absolue en des jours meilleurs. « *La vie est dégueulasse* », disent-ils tous, dans l'urgence d'un témoignage littéraire.

Au seuil des années 1930, une véritable « bible » de conseils pour auteurs en herbe est élaborée et publiée dans l'*American Magazine* de septembre 1928. En voici quelques extraits :

« *Le lecteur et le détective doivent avoir des chances égales de résoudre le problème. Tous les indices doivent être pleinement énoncés et décrits en détail. (…) Le coupable ne doit jamais être découvert sous les traits du détective lui-même ni d'un membre quelconque de la police. (…) La culpabilité doit être déterminée par une suite de déductions logiques et non par hasard, par accident, ou par confession spontanée. (…) Dans tout roman policier il faut, par définition, un policier. Or, ce policier doit faire son travail et il doit le faire bien. Sa tâche consiste à réunir les indices qui nous mèneront à l'individu qui a fait le mauvais coup dans le premier chapitre. (…) Le problème policier doit être résolu à l'aide de moyens strictement réalistes. (…) Il ne doit y avoir, dans un roman policier digne de ce nom, qu'un véritable détective. (…). Le coupable doit toujours être une personne qui a joué un rôle plus ou moins important dans l'histoire, c'est-à-dire quelqu'un que le lecteur connaît et qui l'intéresse (…). Il ne doit y avoir, dans un roman policier, qu'un seul coupable, sans égard au nombre d'assassinats commis. (…) Toute l'indignation du lecteur doit pouvoir se concentrer sur une seule âme noire. (…)*

Le fin mot de l'énigme doit être apparent tout au long du roman, à condition, bien sûr, que le lecteur soit assez perspicace pour le saisir. (…)

• • •

• • •

Il ne doit pas y avoir, dans le roman policier, de longs passages descriptifs pas plus que d'analyses subtiles ou de préoccupations atmosphériques. De tels passages retardent l'action et dispersent l'attention, détournant le lecteur du but principal qui consiste à poser un problème, à l'analyser et à lui trouver une solution satisfaisante. (…) Ce qui a été présenté comme un crime ne peut, à la fin du roman, se révéler comme un accident ou un suicide. Le roman policier doit refléter les expériences et les préoccupations quotidiennes du lecteur, tout en offrant un certain exutoire à ses aspirations ou à ses émotions refoulées… »

Il n'est plus question, dans ce « roman du regard », de donner dans le poncif ou la grosse ficelle. Finis les indices fumeux tel le mégot trouvé sur les lieux du crime, finis les raisonnements simplistes telle l'accusation d'un proche de la victime parce que le chien de la maison n'a pas aboyé à l'arrivée du meurtrier…

Un mélange des genres « à la française »

En France, le détective privé Nestor Burma, imaginé par l'auteur libertaire Léo Malet, tentera une sorte de synthèse entre les deux grandes familles évoquées ci-dessus (romans du discours et romans du regard) dans un Paris encore préservé et traditionnel, au sortir de la Seconde Guerre mondiale. La *Trilogie noire* donne le ton : *La vie est dégueulasse*, *Le soleil n'est pas pour nous*… et *Sueur aux tripes*. Ensuite, *Les Nouveaux Mystères de Paris* dévoileront les secrets cachés des arrondissements parisiens.

« Je laissai Marc Covet, le journaliste-éponge, en contemplation devant le grand verre aux parois embuées, et la pipe au bec traversai la vaste et luxueuse pièce, prenant

> *un réel plaisir à fouler de mes pieds plébéiens le tapis qui recouvrait le parquet, puis sortis sur le balcon. Le soleil de juin baignait les Champs-Élysées, faisant étinceler les carrosseries des somptueuses bagnoles qui coulaient en un flot ininterrompu. »*

Léo Malet, *Corrida aux Champs-Élysées*

Depuis, la « Série Noire » des éditions Gallimard avec la publication des romans de Chester Himes (« homme de couleur ayant connu la prison », disaient les critiques des années 1950) est devenue une collection culte et des centaines d'auteurs ont continué à effrayer ou tétaniser leurs lecteurs, des décennies durant. Occupant une place originale, Jules Maigret, le célèbre commissaire promené dans plus de cent livres par Georges Simenon, abandonne à d'autres la lubie d'expliquer l'enquête. Maigret pèse les âmes, il veut tenter de comprendre, élucider la part de crise, dans la psychologie d'un être, qui le conduit au drame. Il s'attache alors à un détail essentiel, une phrase, une posture, un regard.

> *« La tête avait-elle été jetée dans la Seine ou dans un égout ? Maigret le saurait peut-être dans quelques jours. Il était persuadé qu'il saurait tout et cela ne provoquait chez lui qu'une curiosité technique. Ce qui importait, c'était le drame qui s'était joué entre les trois personnages et au sujet duquel il avait la conviction de ne pas se tromper. »*

Georges Simenon, *Maigret et le corps sans tête*

Plus tard, le néo-polar créé par Jean-Patrick Manchette, et bien d'autres après lui, tentera une sorte de passerelle entre le noir américain à la Goodis ou à la Hammett et un nouveau genre, la critique politique et sociale.

Manchette préfère suivre le criminel que le flic. Terrier est le personnage principal du roman cité ci-après.

> *« Et parfois il arrive ceci : c'est l'hiver et il fait nuit ; arrivant directement de l'Arctique, un vent glacé s'est engouffré dans la mer d'Irlande, a balayé Liverpool, filé à travers la plaine de Cheshire où les chats couchent les oreilles en l'entendant hurler et passer ; ce vent glacé a traversé l'Angleterre et franchi le Pas-de-Calais, il a survolé des plaines grises et vient frapper directement les vitres du petit logement de Martin Terrier, mais ces vitres ne vibrent pas et le vent est sans force. Ces nuits-là Terrier dort en silence. Dans son sommeil, il vient de prendre la position du tireur couché. »*

Jean-Patrick Manchette, *La Position du tireur couché*

Depuis les années 1980, le roman noir à la française a acquis ses lettres de noblesse avec Jean-François Vilar, Didier Daeninckx, Jean-Claude Izzo ou Thierry Jonquet. Il s'est fortement politisé. Les désillusions des soixante-huitards, l'écroulement du communisme, la mondialisation et le règne sans partage de l'univers de la communication offrent un cadre général à des dizaines d'auteurs.

Les dérèglements sociaux, économiques, financiers et bientôt climatiques donnent autant de thèmes nouveaux pour y glisser un autre dérèglement, moral ou psychologique à l'échelle des individualités.

La société urbaine a créé de nouvelles pathologies et, en retour, celles-ci peuvent offrir de belles moissons pour la littérature policière.

> *« Être à Paris sans autre rendez-vous qu'avec Paris, je pédalais, jubilant de ce bonheur-là. Je jouais à suivre au plus près, exercice difficile, le tracé du pourtour de l'ancienne forteresse, tracé sur le sol. Revenant à contre-sens, je décrochai sur le boulevard Richard-Lenoir, juste devant la pharmacie que Pierre Goldman n'avait pas attaquée... »*

Jean-François Vilar, *Bastille tango*

Les romans à suspense légués par l'histoire foisonnante du roman policier captent toujours l'intérêt des lecteurs pour deux raisons essentielles : une curiosité passionnée pour les faits mis en scène, mais aussi pour la manière dont le personnage principal va se comporter avec des éléments que le lecteur comprend vite. Une attitude anxieuse permet alors le redoublement d'intérêt. Autrefois, le roman de mystère avait essentiellement pour raison d'être d'attiser la vivacité de son lecteur, en l'invitant dans une sorte de jeu de société où tous les suspects pouvaient être coupables.

Une écriture de l'urgence

De l'imaginaire au politique : que voulez-vous exprimer ? Si le roman policier de facture classique respecte une certaine neutralité à l'égard du contexte social, le roman noir ou le polar à la française va le plus souvent dénoncer une situation jugée inique, critiquant au passage les rapports sociaux, l'organisation politique en place, les institutions en présence.

L'auteur peut ne pas être tendre avec le pouvoir établi et ses différentes administrations, notamment la police qui pourrait être au centre de ses préoccupations. Dès lors qu'il choisit un fait divers réel ou une situation singulière, son regard va subjectiver son matériau de départ. La structure de son intrigue découlera du réel, puis il habillera celui-ci de fiction.

S'exprimer à travers le roman

Certains écrivains de romans policiers choisissent volontairement de s'inscrire en « pour » ou en « contre » ce qu'ils vont nous montrer, faire vivre, recomposer, dans leurs textes. Le lecteur sera pris à parti, deviendra le témoin décalé d'un événement ayant réellement existé. L'histoire immédiate ou plus ancienne va parfois servir de terrain d'investigation romanesque pour tenter de recomposer un réel enfoui. Par-delà ses personnages, l'auteur devient lui-même une sorte d'enquêteur impartial de tout ce qu'il veut nous faire découvrir, partager, instruire – au sens quasi judiciaire du mot. Il va aller fouiller, trouver des traces, consulter les archives de la presse, si possible rencontrer des témoins oculaires, etc.

Indéniablement, un couple contradictoire de valeurs ou de défauts se met alors à l'œuvre. « Justice » et « Injustice » s'offrent un bras de fer spectaculaire et tout peut être dénoncé dans un ouvrage.

Si l'auteur s'inscrit dans une volonté objective de « rendre la justice » au moyen d'un personnage fort, des registres s'imposent comme toile de fond du livre à composer :

- la tyrannie d'une caste, d'un groupe, d'une politique d'État, d'une société, d'une secte… ;
- la réaction humaniste contre la haine distillée ;
- le combat pour la vérité et contre le mensonge d'État, les avanies quotidiennes, le mensonge à son propre égard.

D'une manière générale, disons qu'un roman policier s'organise presque toujours sur fond de conflits empilés les uns dans les autres ou les uns après les autres. Le conflit majeur, celui du thème abordé par l'ensemble de l'histoire racontée, doit déclencher un réel sentiment de mise en péril, de danger, quel qu'il soit.

Un ouvrage riche en rebondissements abordera plusieurs registres de conflits :

- les conflits extérieurs au personnage principal, c'est-à-dire tout ce qui peut gêner sa quête de vérité ;
- les conflits liés aux personnages et découlant de leur statut (pauvres, riches, détestés, adulés, etc.) ;
- les conflits intérieurs, ou les états d'âme contradictoires du personnage principal.

Paroles d'un ancien perceur de coffres-forts

Je ne pense pas qu'avoir connu la détention et la pratique de délits donne plus de crédibilité lorsqu'on écrit un roman policier. En tout cas, pour le seul vrai polar que j'ai écrit, ainsi que pour les romans noirs, je ne l'ai pas vraiment ressenti. Lorsque je me trouve dans des salons à côté de Didier Daeninckx, qui n'a jamais fait de prison, il signe deux fois plus de livres que moi. Alors qu'il lui est déjà arrivé de m'appeler pour me demander un renseignement concernant les coffres. En revanche, pour ce qui concerne mes essais et mes documents concernant l'incarcération, il semble évident que mon expérience renforce ma crédibilité. Constat qui me conduit à penser que le lecteur de polars cherche plus le rêve que la réalité.

Le polar, selon qui l'écrit, peut permettre de dépeindre, de façon plus ou moins ludique, un monde parallèle (imaginaire ou réel), jusque-là étranger aux lecteurs. Il est également possible de dénoncer de manière romancée, donc plus attrayante, moins brutale que dans un essai, nombre de travers sociaux. En ce sens, le polar peut être considéré comme un outil susceptible de participer à une relative prise de conscience de nos multiples folies contemporaines. Finalement tout dépend de celui ou de celle qui utilise l'outil. Je lis très peu de livres policiers. Sans doute parce que j'ai trop souvent été déçu. À moins que, narcissique à l'extrême, je ressente plus de plaisir à les écrire qu'à les lire. Je puis en revanche indiquer le titre d'un livre qui a frappé mon adolescence : J'irai cracher sur vos tombes de Boris Vian. Ce polar a éveillé en moi la haine du racisme, du communautarisme et des violences ordinaires qui découlent de ces plaies, hélas, universelles.

Serge Livrozet

La fabrique personnelle du romancier

Mais avant de se poser la question du sujet traité et de sa traduction en intrigue romanesque, il importe d'évoquer de quoi est « fabriqué » un texte romanesque, ses éléments, conscients ou inconscients.

J'appelle cela les matériaux du texte, présentés ci-dessous. Tout ou presque sera utilisé, malgré vous. En écrivant, nous jonglons avec ces éléments que nous portons en nous-mêmes. Notre vécu, notre mémoire, notre affect constituent une première réelle boîte à outils. La réalité et la mémoire collective d'un événement nous offrent de solides instruments pour voyager aisément dans l'imaginaire qui vient simplement de nous.

LES MATÉRIAUX DU TEXTE

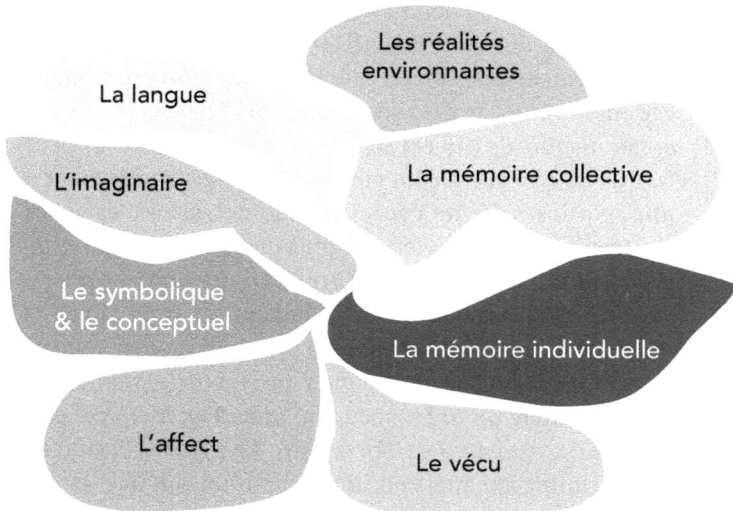

Les réalités environnantes

La langue

L'imaginaire

La mémoire collective

Le symbolique & le conceptuel

La mémoire individuelle

L'affect

Le vécu

Tout écrivain utilise ces matériaux au fil d'un récit, quel qu'il soit. Même si vous vous lancez dans l'écriture d'un roman policier, ces différents éléments s'imposeront au texte, malgré vous.

De la même manière, tout écrit romanesque se compose, schématiquement, de parts mouvantes particulières dont le dosage inconscient dépend lui aussi de l'auteur. L'ensemble fluctuera en fonction de l'utilisation, par exemple, de documentation, d'éléments singuliers de la réalité, des idées personnelles de l'auteur… Les cinq parties du schéma ci-dessous ont une répartition évidemment aléatoire selon les auteurs. L'important pour vous qui voulez tenter l'aventure est aussi de vous rendre compte que les choix d'écriture intègrent le roman lui-même.

LES PARTS MOUVANTES DE L'ÉCRIT ROMANESQUE

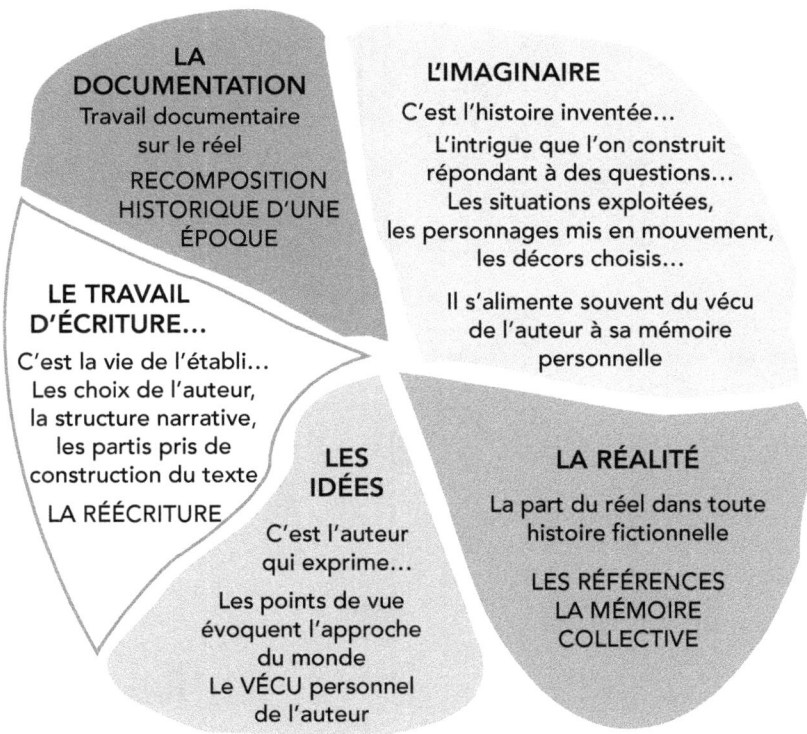

LA DOCUMENTATION
Travail documentaire sur le réel
RECOMPOSITION HISTORIQUE D'UNE ÉPOQUE

L'IMAGINAIRE
C'est l'histoire inventée…
L'intrigue que l'on construit répondant à des questions…
Les situations exploitées, les personnages mis en mouvement, les décors choisis…

Il s'alimente souvent du vécu de l'auteur à sa mémoire personnelle

LE TRAVAIL D'ÉCRITURE…
C'est la vie de l'établi…
Les choix de l'auteur, la structure narrative, les partis pris de construction du texte
LA RÉÉCRITURE

LES IDÉES
C'est l'auteur qui exprime…
Les points de vue évoquent l'approche du monde
Le VÉCU personnel de l'auteur

LA RÉALITÉ
La part du réel dans toute histoire fictionnelle
LES RÉFÉRENCES
LA MÉMOIRE COLLECTIVE

Ne faut-il pas s'essayer dans un texte court ?

Avant de vous lancer dans la composition d'un roman, peut-être serait-il judicieux d'aborder l'écriture fictionnelle en commençant par des récits plus courts ? Comment s'y prendre, alors ? Comme un musicien rêvant d'une symphonie, faites quelques « gammes » avec différents sujets qui vous tiennent à cœur au moyen de deux types d'écrits : la bribe et la nouvelle.

La bribe littéraire

Sans aucune logique d'intrigue ou de construction, elle permet de travailler d'une façon autonome la description d'un lieu, l'approche d'un portrait physique ou psychologique, une scène dialoguée entre deux personnages antagoniques, l'évocation d'un crime, par exemple. Ce n'est pas une histoire complète mais des morceaux choisis pouvant être utilisés plus tard dans le cadre d'un travail de plus longue haleine.

Poursuivez le début d'une bribe ci-dessous au choix :
- Jamais un port n'avait ressemblé à celui où je déambulais par mégarde, les yeux perdus dans les gréements de la flotte de plaisance qui attendait le retour des beaux jours… L'océan me narguait…

- Cette femme n'était qu'un regard azur où tous les paquebots du monde s'échoueraient à marée basse, un matin déraisonnable…

- Ses mains tremblaient, la posture de son corps sentait le malheur ordinaire, des années noires, les coups du père, peut-être, pour un oui ou pour un non, comment juger ?

La nouvelle littéraire

Par ailleurs, vous pouvez écrire en peu de temps une nouvelle policière, c'est-à-dire une histoire achevée.

La nouvelle littéraire est un texte court qui se caractérise par une intrigue simple et la mise en place de très peu de personnages. On rentre de plein fouet dans une histoire avec une situation de départ, sans trop se soucier de l'espace et du cadre temporel, pas davantage de l'histoire et de la description physique et psychologique des personnages. Le but recherché sera de créer une tension absolue vers un effet unique. Un début rapide, un développement permettant la mise en place d'une action ou d'un suspense, puis la conclusion ou chute du texte.

S'entraîner à écrire des nouvelles constitue une démarche sérieuse qui permet de mettre en avant pour chaque nouveau texte un contexte ou un thème singulier. Par exemple, retrouver les ambiances singulières d'un lieu, d'une ville, d'un milieu spécifique, ébaucher l'étude de caractère d'un personnage, la description d'un délit, d'un crime, travailler les réactions de témoins, etc.

Les ingrédients de base, nécessaires, pour venir à bout d'une nouvelle littéraire sont les suivants : une situation de départ, un personnage principal, une perturbation inattendue, l'élément perturbateur permettant la mise en tension, comme le nomment les enseignants de français, un corps d'histoire plus ou moins resserré, et une fin ménageant toujours un effet de surprise pour le lecteur.

Une suite de nouvelles ?

Comment porter à maturité votre projet personnel ? Et si une suite de nouvelles s'articulait ?

Un bon roman va souvent offrir à ses lecteurs des fausses pistes, des indices qui brouillent leur propre raisonnement afin de ménager les éléments d'intrigue conduisant à la résolution de l'enquête organisée.

Le découpage d'une histoire passant par des chapitres ou des séquences différentes pourrait faire l'objet d'un traitement séparé.

Ainsi, l'enquête d'un policier centrée sur l'assassinat d'un homme politique, un député ou un Premier ministre, sur les berges d'un canal par exemple, pourrait être traitée et construite de deux manières. Tout d'abord, il s'agit là d'un long récit structuré donnant à voir les interrogations quotidiennes de celui qui est désigné pour rechercher la vérité.

Par ailleurs, plusieurs textes apparemment autonomes peuvent permettre à l'auteur de bien maîtriser l'ensemble des facettes du projet poursuivi : dans le cas de figure évoqué ci-dessus, un découpage s'impose.

- La première nouvelle s'organiserait sur la découverte du corps. Et une question : *qui avait intérêt à cette disparition ?*

- La deuxième pourrait poser la question des relations entre la politique et le domaine de l'argent.

- La troisième nouvelle pourrait donner à voir les relations au plus haut niveau de l'État et l'assujettissement des uns à l'égard des autres.

- La quatrième présenterait la personnalité et la vie quotidienne de l'enquêteur chargé du dossier.

Enfin, la question du rebondissement se pose. Qui est coupable ou non ? À l'enquêteur de trancher, à vous plutôt, désormais…

N'oubliez jamais, dans une nouvelle policière, l'importance de la chute. Elle se joue en quelques phrases. Il s'agit souvent d'une sanction, d'un coup de théâtre. Courte, forcément courte…

> « Je ferme les yeux.
> J'irai peut-être en prison pendant les vingt années à venir si cette heure ne me revient pas en mémoire.
> Ça me laissera le temps d'y réfléchir. »

> Tonino Benacquista,
> *Le 17 juillet 1994 entre 22 et 23 heures*

> « Je pensais à la tête des présentateurs de journaux télévisés, à la manière dont ils annonceraient que le modeste employé de la voirie de Paris, las de ramasser les merdes des chiens avec sa moto ad hoc, avait décidé de les exterminer tous. »

> Delacorta, *Coup de lune*

Écrire seul, en duo, ou en groupe ?

Si vous décidez une écriture à quatre mains ou davantage, se pose d'emblée la question de la répartition de chacun pour la réalisation de l'ouvrage.

Toute écriture collective, qu'elle soit assumée par des adultes ou par des adolescents, par exemple dans le cadre d'un atelier de pratique artistique au collège ou au lycée, oblige à la structuration précise d'un scénario (comme pour un film où le travail est toujours collectif) sur lequel un accord préalable sera obtenu par souci de cohérence.

Au minimum, un synopsis présentant les intentions de traitement devra être établi, permettant ainsi la mise en œuvre d'un découpage en chapitres ou séquences, assumés par tel ou tel.

Celui-ci permet de cadrer ce que chacun va écrire, présenter, traiter, sans chevaucher la séquence prévue pour une autre personne.

Ainsi, pour les partenaires engagés dans un projet de livre commun, il apparaîtra clairement qui doit « ouvrir » un personnage entrant en scène, développer telle ou telle action, décrire un lieu, un décor, faire avancer l'histoire, la faire stationner, accélérer la descente vers la chute.

Quand on écrit un roman à quatre mains (ce que j'ai fait une fois avec Frédéric Larsen pour *Les anges meurent aussi* en « Série Noire »), il convient de s'accorder sur le déroulé de plusieurs chapitres en résidant quelques jours au même endroit ; l'un les écrit, l'autre les amende, les enrichit, les corrige.

La répartition à opérer semble s'imposer, selon nos propres capacités à faire évoluer et vivre tel ou tel personnage. On sait également qu'un des deux auteurs s'installe plus volontiers et longuement dans la description d'un milieu, d'une ambiance, alors que l'autre fera avancer le récit plus nerveusement, plus rapidement. Dans le cas de *Les anges meurent aussi*, Larsen connaissait les avocats véreux, moi les loubards de banlieue : somme toute, un simple partage de compétences ! Au final, la finition est commune et un lecteur ordinaire ne pourra voir les ruptures de style. En revanche, un confrère avisé connaissant les deux complices trouvera ce qui a été produit par l'un ou par l'autre.

Lorsqu'on écrit à plus de deux − et même pour simplifier le travail à deux −, certains outils peuvent être aidants, en particulier pour travailler le texte séparément et pas forcément linéairement. Le tableau ci-dessous permet par exemple de déterminer qui va traiter tel ou tel point du synopsis de départ, permettant ainsi aux auteurs d'éviter les chevauchements. Des transitions pourront être ménagées dans un second temps entre les parties écrites par les différents contributeurs.

Si l'on découpe le roman en vingt séquences par exemple, certains repères de temporalité (chronologie) et d'espaces (lieux, décors) seront nécessaires.

Aide à la construction d'une séquence dans l'histoire de fiction

Situations romanesques	Personnages Lesquels ?
Actions prévues dans la séquence	Secondaires Principaux Silhouettes
Action principale L'intrigue avance	Portraits par touches
Toile de fond	Caractéristiques physiques & morales
Histoires parallèles	Décisions à prendre
Structuration du récit	

Lieux du récit	Deuxième niveau de lecture
Décors ou lieux	Quelles idées philosophiques, sociales ou politiques apparaissent ?
Personnages	
Temps du récit	Messages de l'auteur ?
Recomposition du réel ou Fiction pure	Point de vue de l'auteur

Cuisine interne de l'écriture
Choix du genre
Les partis pris de narration
Texte narratif partie dialoguée monologue intérieur
Retours en arrière
Textes Paratextes

CE QUI VIENT DE L'IMAGINAIRE

LE TRAVAIL LITTÉRAIRE

37

Le choix du thème du livre

Votre livre va s'enraciner, prendre appui dans une époque (la nôtre ou bien un autre temps…) et ses contradictions sociales. Cela oblige à ne pas trop s'éloigner du réel et à mettre le vraisemblable au poste de commande. Que voulez-vous traiter ? Que voulez-vous démontrer ?

Paroles d'écrivain...

À quoi sert cette littérature ? Comme l'autre, qualifiée de "blanche", à strictement rien ! Depuis Rabelais et même certainement bien avant, tout ce qui pourrait être utile à l'humanité a déjà été dit ou écrit. Ce qui ne me paraît pas avoir beaucoup transformé les individus. Les tortionnaires, les dictateurs, les puissants, desquels dépend la désorganisation du monde, ont changé d'appellation et de méthode, mais n'ont pas renoncé à leur ambition. Quant aux plus modestes, ils poursuivent, cahin-caha et avec une étonnante patience, leur accablante vie de moutons et d'esclaves sublimés. Considéré du côté de l'auteur, on peut envisager deux aspects : d'une part, le plaisir de la création, la satisfaction de croire (ou de s'imaginer) qu'on a permis à un lecteur de passer un moment agréable, voire plus ou moins profitable ; d'autre part, un aspect — moins sympa à mes yeux — qui fait fi de ce qui précède et qui

*repose exclusivement sur un mélange confus de narcis-
sisme et de mercantilisme. Dans ce dernier cas, le souci
du lecteur prend évidemment bien peu de place dans
l'esprit de l'auteur. L'important est qu'on le reconnaisse...
Dans ce cas, le polar mute insensiblement vers la machine
à fric, sa rédaction devient répétitive. Seule change
l'énigme, avec bien entendu plus ou moins de bonheur. Le
livre équivaut alors pour le lecteur à une sorte de match
de foot. Le "qui a tué ?" remplaçant le "qui va gagner ?".*

*Considéré du côté du lecteur, je me sens assez mal placé
pour répondre. Je pense qu'il orientera son choix vers
l'un ou l'autre des auteurs en fonction de sa personnalité
et de ce qu'il attend d'un livre policier. Le seul problème
consiste à savoir ce qu'il en espère. Le plus important
consiste à éviter de tenir le livre policier pour un genre
mineur. Il convient d'oser l'utiliser comme un moyen de
communication semblable aux autres, même si a priori il
paraît différent aux yeux de certains. C'est l'auteur de
blanche et de noire qui répond.*

Serge Livrozet

Le roman puzzle

Ces questions sous-tendent la nécessité de connaître ce que l'on
veut exprimer, dire, montrer, démontrer. Un roman à suspense
n'aura pour souci que de tenir son lecteur en haleine, en l'invitant
dans une sorte de jeu de société où les pièces volontairement mélan-
gées par l'enquêteur devront être remises en ordre pour pouvoir
résoudre l'affaire et fermer le livre, satisfait. C'est le roman policier
« puzzle ».

Toutes les pièces doivent s'articuler et la moindre information ne
doit être donnée que pour servir l'intrigue, la résolution du problème. Un personnage ne sera traité sur le fond que si sa personnalité
ou ses actes donnent l'un des éléments du mystère à comprendre.

Les dix règles de Raymond Chandler

1. La situation originale et le dénouement doivent avoir des mobiles plausibles.

2. Il ne doit pas y avoir d'erreurs techniques sur les méthodes de meurtre et d'enquête.

3. Les personnages, le cadre et l'atmosphère doivent être réalistes. Il doit s'agir de gens réels dans un monde réel.

4. À part l'élément de mystère, l'intrigue doit avoir du poids en tant qu'histoire.

5. La simplicité fondamentale de la structure doit être suffisante pour être facilement expliquée quand le moment est venu.

6. La solution du mystère doit échapper à un lecteur raisonnablement intelligent.

7. La solution, quand elle est révélée, doit sembler inévitable.

8. Le roman policier ne doit pas essayer de tout faire à la fois. Si c'est l'histoire d'une énigme fonctionnant à un niveau mental élevé, on ne peut pas en faire aussi une aventure violente ou passionnée.

9. Il faut que d'une façon ou d'une autre le criminel soit puni, pas forcément par un tribunal (…) [Sans la punition], c'est comme une dissonance qui irrite.

10. Il faut une raisonnable honnêteté à l'égard du lecteur.

Quelques remarques sur le roman de mystère

Un univers dévoilé

Une question se pose alors. Quand on construit, structure, articule au millimètre près une histoire, une autre frustration peut apparaître : la place que l'on laisse réellement à l'écriture, à sa propre littérature. Où va exister votre jubilation ? Dans le labyrinthe de l'intrigue conduite, ou davantage dans la forme littéraire choisie et le travail sur la langue ?

Un livre est un chantier : il faut rassembler les matériaux de construction, maîtriser l'établi… Synopsis, scénario ficelé, improvisation, c'est selon chacun… Le plus souvent le livre va résoudre une intrigue « policière » posée dès le premier chapitre. Un vol, un meurtre, une disparition…

- Qui a volé ?
- Qui a tué ?
- Qui a enlevé ?

La suite s'organise dans l'ombre ou la lumière de l'enquêteur, au gré de ses interrogations, de ses états d'âme et des regards qu'il porte sur le monde et sur ses semblables.

L'intrigue d'un livre est l'histoire que l'on imagine. Elle peut se résumer en quelques lignes. Une situation, un événement, le lent cheminement d'un enquêteur pour comprendre et retrouver la logique de l'acte et le coupable…

Vous allez interpeller de futurs lecteurs et leur conter, avec plus ou moins de talent, une histoire. Pour ce faire, vous allez puiser vos matériaux dans votre imaginaire, dans vos connaissances accumulées, enfin dans une solide documentation. Sans cesse, vous serez amené à poser au lecteur des questions partielles qui permettront de maintenir sa curiosité en éveil, ainsi que sa volonté de découvrir ou de connaître les événements à venir. De la tension s'impose alors pour que l'attention demeure vivace. Une question essentielle doit habiter l'esprit d'un auteur : celle de l'univers investi. Quel univers avez-vous envie d'arpenter ? Dans quel univers allez-vous faire voyager votre lecteur ?

Ensuite, comme une image, comme pour un film, vous allez être conduit à montrer, dévoiler un contexte, un décor, une gigantesque toile de fond. Les scénaristes américains parlent à ce propos d'« exposition », c'est-à-dire l'ensemble des éléments objectifs qu'un spectateur ou lecteur doit connaître ou maîtriser très vite, pour rentrer dans l'histoire, suivre le film ou le fil des pages.

Paroles d'écrivain...

Une intrigue est un double mouvement : la manière dont on masque la réalité des choses et comment on enlève peu à peu cette fausse apparence...

L'intrigue d'un roman, c'est l'évidence cachée... Suivre une intrigue, c'est savoir comment l'auteur s'y est pris pour masquer puis démasquer l'évidence au fil des pages...

J'utilise le roman policier pour tenter de résoudre des intrigues qui se posent à moi. Nous sommes entourés d'intrigues et, pour moi, l'essentiel est d'apporter des réponses satisfaisantes à la question centrale qui me préoccupe : comment l'Histoire fonctionne-t-elle ?

J'utilise le genre du roman policier pour réaliser une mise à plat, conduire une sorte d'inventaire de l'Histoire des hommes, de l'histoire sociale...

Je veux comprendre comment des faits, des actes ignobles ont pu se dérouler et comment les hommes, les humains se sont débrouillés avec ça... Comment les humains sont-ils entraînés dans le mouvement de l'Histoire ? Comme il m'est impossible d'aller gambader moi-même dans le passé pour rendre visite à l'Histoire, j'essaie de la comprendre avec mes personnages. Ils voyagent dans le temps, se débrouillent avec le passé. Moi, je les envoie simplement en éclaireurs, pour comprendre la guerre de 1914-18, celle d'Algérie, la colonisation... J'utilise le roman policier pour effectuer une sorte de quête de l'Histoire au moyen de l'enquête d'un personnage, pour aller sur les traces d'une personne disparue, pour la connaître, pour découvrir ses émotions, ses rancœurs...

Dans un monde où tout est devenu traçable (carte à puces, téléphones, Internet, ADN...), le roman policier interroge les traces et, dans mon travail, j'amplifie toutes ces traces, toutes les empreintes laissées dans la société...

Didier Daeninckx

Les exigences
des voyages dans l'hier

Le roman policier n'est pas l'apanage du contemporain. De tout temps, des individus ont transgressé les lois de leur époque, et la nécessité morale de punir les récalcitrants a toujours animé les tenants de l'ordre existant. Si vous avez l'envie de planter une histoire dans une période que vous aimez particulièrement, c'est sa recomposition au quotidien qui sera le plus difficile.

Quels en sont les contextes sociaux ? Qui commet un crime, par exemple, et pourquoi ? Quelles sont les réalités de l'époque choisie ?

Souvent, l'auteur va d'abord élaborer une trame de scénario pour approcher au plus près l'univers souhaité.

Quels sont les moyens des criminels ? Quels sont ceux des enquêteurs ? Dans quel cadre juridique et légal vont-ils se débattre ?

Recomposer du réel

Le roman policier historique impose une connaissance précise de la période choisie, allant d'une maîtrise du contexte social, urbain, politique et légal, à la connaissance des comportements, des modes de vie, de la psychologie des personnages mis en mouvement. Par ailleurs, l'écriture dans les parties dialoguées devra tenir compte de la réalité de la langue de l'époque abordée (lexique, syntaxe).

Recomposer du réel, c'est tenter de traverser le temps et de redonner vie à un ensemble d'éléments qui vont signer l'époque. La vraisemblance s'impose à chaque paragraphe, à chaque élément de décor, dans la temporalité même de l'histoire de fiction que l'on invente, pour approcher un réel, et pourquoi pas des personnalités ayant existé. Jean-François Parrot s'invite ainsi chez la marquise de Pompadour ; dans un polar pour enfants, *Le chevalier Du Guesclin mène l'enquête*, j'entraîne Du Guesclin dans une enquête sur le vol de documents royaux…

Il faut ainsi veiller à étudier méthodiquement les points suivants en fonction de votre choix d'enraciner votre intrigue dans une époque ou dans une autre. Répondre à une série de questions permet d'approcher une réalité à réanimer.

Les modes de vie du temps

Comment le personnage est-il habillé ?

Que mange-t-il ? Où mange-t-il ?

Comment se déplace-t-il ?

Quel temps met-il pour aller d'un lieu à un autre ?

L'organisation sociale de l'époque

Quelle est la place sociale du personnage dans la société ébauchée ? Est-ce une personne du peuple, un aristocrate, une courtisane, un guerrier ?

Du côté de l'enquête, où en est-on de l'état des techniques d'investigation ?

Quelles sont les institutions en présence (police, justice) ?

La psychologie des humains d'alors

Quelle est la réalité des relations humaines (sociales comme intimes) ?

Quelle est la place du religieux et des croyances ?

Quel rapport à la mort les hommes de cette époque entretiennent-ils ?

On s'interrogera également sur les relations des hommes et des femmes, abordant ainsi l'histoire des émotions.

Enquêter dans l'hier, ce sera également approcher la question du rapport à la criminalité dans d'autres contextes que la société contemporaine. Face à des crimes singuliers, moteurs d'intrigues, l'auteur devra interroger la structure juridique, judiciaire, policière. Promener le lecteur dans le doute d'une intrigue posée dans un univers du passé oblige à de fortes certitudes quant à l'habillage du roman.

Ce travail de recherche préalable est impératif afin d'éviter l'invitation de tout anachronisme fâcheux et involontaire dans votre texte.

Trouver le bon équilibre

Tout cela nécessite un réel travail de documentation. Appréhender les modes de vie, c'est aussi tendre au plus près des peurs, des croyances, de la foi religieuse, des habitudes humaines et des mentalités.

Néanmoins, il faut se méfier d'un travers qui devient alors un piège : le soin apporté à faire vivre et comprendre l'époque ne doit pas vous faire négliger l'intrigue elle-même.

Le choix d'entrer dans un roman historique peut décupler l'intérêt d'un lecteur passionné de romans policiers. Ce type de roman lui permet non seulement de suivre les réflexions du personnage qui conduit l'enquête, mais aussi de plonger dans des univers parfois méconnus, portant eux aussi une vraie part de mystère et de découvertes. Les éditions 10/18, notamment, font la part belle aux romans policiers historiques. On gambade à l'époque de la Révolution française, on choisit plus tard la Belle Époque, on se passionne pour le siècle des Lumières… Imaginées par Jean-François Parot, les dynamiques aventures du jeune et attachant commissaire Nicolas Le Floch, enquêteur au Grand Châtelet de Paris sous les règnes de Louis XIV et de Louis XV, ont ainsi passionné bon nombre de lecteurs.

> *« Depuis l'attentat de Damiens, la sûreté avait été resserrée autour du roi et de sa famille. Certains événements ensevelis dans le secret des cabinets, auxquels le jeune commissaire au Châtelet avait été intimement mêlé et dont il avait éclairé les arcanes, le plaçaient depuis près de dix ans en première ligne dans ce combat et cette veille de tous les jours. Monsieur de Sartine lui avait confié la surveillance rapprochée de la famille royale à l'occasion du mariage du dauphin et de Marie-Antoinette, archiduchesse d'Autriche. »*
>
> Jean-François Parot, *Le Fantôme de la rue Royale*

***

Ce tour d'horizon allant des origines du roman policier à la présentation des différentes sortes d'ouvrages possibles vous permettra sans doute de choisir avec précision le type de livre que vous avez envie d'écrire, de composer. Vous appréhendez mieux, je l'espère, les différences entre un roman d'enquête traditionnel ou classique et le roman noir à l'américaine et ses cousins français du polar.

Sans problème majeur, vous pouvez décider du genre qui vous convient le mieux : les romans du discours, où l'on suit le raisonnement de l'enquêteur, ou les romans du regard, attachés pour leur part à décrire au mieux un contexte social, à peindre dans le détail une réalité ambiante. Avec la plupart des grands auteurs français, vous opterez peut-être pour un mélange bien dosé des deux catégories ci-dessus.

Sans doute, un sujet particulier vous tient déjà à cœur ; mais avant même de rentrer de plein fouet dans son traitement, interrogez vos capacités à écrire, entraînez-vous, engrangez quelques expériences, de la bribe littéraire à la nouvelle achevée. Les mots vont vous conduire à dévoiler un univers, celui de votre choix bien sûr, mais aussi une période singulière vous permettant de mieux approcher la reconstitution d'une réalité particulière.

Maintenant, une fois votre décision prise en amont, l'établi de l'écriture et ses exigences s'imposent à vous : structure, type d'intrigue, construction des personnages. Entrons ensemble dans l'atelier pour tenter de cerner les grandes phases de la composition d'un roman.

DEUXIÈME PARTIE

Le cœur du texte

Le roman et sa structure

Une histoire policière se structure généralement à partir du délit pour lequel on va rechercher le coupable, et donc de l'enquête du personnage principal.

Lorsque le délit commis arrive à la fin de l'histoire, on s'éloigne du genre strictement policier. Cependant, certains romans noirs adoptent cette construction, s'attachant davantage à la trajectoire de leur héros jusqu'au délit qu'il commettra à la fin du roman.

Elle peut encore être construite comme un film de genre : plan/contre-plan, policier/gangster, profiler/criminel…

Paroles d'écrivain...

" *Avant de se lancer dans l'écriture d'un polar, il faut avoir une bonne idée de la fin. Une bonne intrigue ? Avoir des personnages forts qui font des choses à la fois logiques et inattendues.* "

Stéphanie Benson

La structure du roman policier classique : deux histoires mélangées

Si vous vous lancez dans un roman à énigme classique, tout commence par un meurtre, nous l'avons dit.

La suite constitue l'enquête, et le personnage principal va remonter le temps pour découvrir la *généalogie* du meurtre. Indices, suspects, mobiles et armes du crime défilent au gré des déductions de l'enquêteur qui devront être logiques. Deux histoires se mêlent sans cesse : celle de l'enquête et celle du crime, reconstituée par morceaux en remontant le temps.

Votre lecteur découvrira alors ce genre de texte comme une sorte de jeu où il tentera de trouver le coupable en même temps ou avant votre personnage. Bien sûr, pour compliquer l'affaire, plusieurs meurtres peuvent intervenir, comme un ensemble de fausses pistes, suspects pourvus d'alibis. Comme à un confident intime, l'enquêteur confiera au lecteur ses cheminements, ses déductions, sans rien dire de la personnalité du coupable avant le dernier chapitre.

Dans un roman traditionnel, tout sera fait pour que votre lecteur s'identifie au découvreur de vérités aux raisonnements judicieux et implacables. Ce personnage férocement habile est d'ailleurs souvent affublé d'une sorte de faire-valoir moins habile mais parfois doué d'autres talents auquel il doit sans cesse expliquer ses déductions, comme le docteur Watson toujours admiratif de Sherlock Holmes.

La charpente du roman noir : trois niveaux de construction mêlés

Pour être riche et accrocher un lecteur, le roman noir – ou polar à la française – est souvent conçu selon plusieurs niveaux de construction. Il s'agira alors pour vous d'organiser ceux-ci afin de donner à votre projet une véritable colonne vertébrale. Articuler plusieurs niveaux de narration permet aussi de ne pas coller à la seule enquête policière. Cela donne du fond, de l'intérêt, un contenu autre que la seule investigation menée par le personnage principal.

Paroles d'écrivain...

> *Une bonne intrigue, c'est quelque chose qui ne lâche pas le lecteur. Il faut faire durer le suspense le plus long-temps possible. Pour moi, une bonne intrigue, c'est comme un élastique tendu. Dès que l'élastique se détend, le lecteur perd son intérêt. Dans un livre, il y a aussi les parties molles, lorsque l'auteur s'arrête sur la fourniture de renseignements, d'explications. Très vite, il doit retendre l'élastique...*

Patrick Raynal

L'histoire du crime

Le premier des trois niveaux de construction est évidemment la recherche du criminel par exemple, c'est-à-dire la quête de la vérité, l'intrigue proprement dite. Les thèmes possibles de l'intrigue principale sont innombrables ; cependant, méfiez-vous des sujets trop récurrents : meurtres en série, enlèvement d'un milliardaire, traite des jolies femmes blanches, trafic de drogue... Sortez des thématiques trop souvent traitées, répétées, voire rabâchées de livre en livre.

De nombreux romans policiers jonglent sans cesse entre le réel et la fiction. En effet, les faits divers quotidiens constituent une source fabuleuse d'histoires pouvant être traitées, prolongées par la fiction.

Dans ce cas, l'acte criminel réel deviendra un élément déclencheur. Restera à l'auteur à maquiller la réalité et à mettre en mouvement un personnage principal, souvent l'enquêteur.

Puis, l'intrigue s'organisera peu à peu sur les pas du personnage que vous avez imaginé. Les grandes affaires criminelles ont souvent été utilisées comme point de départ d'une inspiration : les crimes de Landru, les massacres du bon docteur Petiot, la prise d'otage des enfants de Neuilly… Dans ce sens, les intrigues des romans écrits par d'anciens policiers comme l'inspecteur Borniche, Hugues Pagan ou le Chinois de Marseille partent de vrais dossiers criminels.

D'une manière similaire, certaines bavures politiques et policières des dernières décennies feront l'objet de romans passionnants et efficaces, comme par exemple les massacres d'Algériens jetés dans la Seine à Paris en octobre 1961 (*Meurtres pour mémoire* de Didier Daeninckx ou *Les Caves de la Goutte d'Or* de Gérard Streiff…).

Enfin des événements politiques locaux ou internationaux fournissent également matière à intrigues, comme la chute de la dictature militaire en Argentine (*Bastille tango* de Jean-François Vilar).

Les personnages principaux et la structure générale de votre projet de roman constituent la base même du livre à venir. Ils doivent être en parfaite adéquation l'un vis-à-vis de l'autre pour que le récit soit cohérent.

Paroles d'écrivain...

> *Une intrigue sert à intriguer. C'est à elle qu'échoit la difficile tâche de retenir d'emblée le lecteur. Par plaisir ou par curiosité, elle l'incite à pousser plus avant sa lecture. Tenu en haleine par le désir de savoir où l'auteur va le conduire, le lecteur se trouve plus enclin à recevoir (entre les lignes) des sortes de messages subliminaux concernant la société, les injustices, les travers évoqués précédemment. Au rebours de l'essai ou du document, il n'a, grâce à l'intrigue, aucun effort à fournir pour percevoir l'éventuel message que l'auteur, à condition que telle soit l'intention de celui-ci, entend lui communiquer de façon plus ou moins subtile.*

> *Serge Livrozet*

La vie des personnages

Le second niveau de construction concerne vos personnages principaux. Il peut s'agir ici de la vie quotidienne de votre personnage principal, des relations amoureuses de vos autres personnages, d'une rencontre, etc. Il peut être l'occasion de construire des intrigues secondaires, en parallèle de l'enquête principale.

Ce pan de l'histoire doit sonner juste, s'éloigner des clichés traditionnels. Le détective abîmé et la prostituée en fin de parcours lassent assez vite un lecteur friand d'originalité. Le héros n'a pas forcément toutes les qualités et, dans le domaine amoureux, n'en faites pas forcément un joli cœur ni un dragueur impénitent trop caricatural. Il peut être un mari trompé, il peut aussi souffrir d'une impuissance sexuelle, ou connaître la lassitude d'un couple abîmé, bref, les gagneurs sur tous les tableaux de la vie sont plutôt rares ! L'essentiel reste l'évidence : tout doit sonner juste. Évitez d'en faire trop : les James Bond, sans effets spéciaux ni images déconcertantes, lassent plus qu'ils n'ensorcellent.

L'arrière-plan, un élément fort

Le troisième niveau de construction est l'ailleurs, votre ailleurs, un sujet qui vous intéresse, qui vous passionne. Ce peut être un événement réel que vous approchez au moyen de la fiction (la guerre d'Algérie, l'assassinat d'un président, une révolution, la chute du mur de Berlin, la Commune de Paris, etc.), mais aussi un univers artistique, un coin du globe, une de vos passions, une personnalité que vous allez approcher…

Cette partie infiniment intéressante à structurer et à écrire, c'est le *En attendant Godot* du texte, appelons-la le « tiers absent », concept de la dramaturge et philosophe Dominique Paquet. C'est ce troisième niveau de narration qui déclenche aujourd'hui l'intérêt du lecteur, parce qu'elle lui fait découvrir un univers méconnu, un pan d'histoire cachée. C'est sur cette partie que nous nous appuyons pour avancer quand notre imaginaire faiblit.

Ce troisième niveau d'histoire nécessite un réel travail de documentation, de recherches, de recomposition. C'est aller de plein fouet dans la reconstruction d'un univers qui vous motivera, ou vous permettra de vous lancer vraiment dans un chantier de roman, en oubliant les sujets rebattus et récurrents, les thèmes répétés, les énièmes versions des histoires policières lues, relues, vues et revues au cinéma ou à la télévision.

Comment mêler une enquête et un sujet qui vous passionne ? Comment plonger sans réserve dans un univers à dévoiler ? Pour répondre à ces deux questions, pensez à ce que vous avez aimé dans certains polars : l'intrigue, la structure, les personnages, ou plutôt la toile de fond qui tient réellement l'ensemble.

Paroles d'écrivain...

L'ensemble de la production de romans policiers des années 1980 portant sur la guerre d'Algérie ou sur les rafles anti-juives a fonctionné comme un miroir tendu à la police et à l'État... L'affaire Papon a permis de faire bouger les mentalités. Tout le travail des romanciers a permis une véritable réflexion de fond... L'image sans fioritures que nous avons renvoyée aux policiers des pratiques collectives de leurs collègues d'hier était pour eux insupportable, ils ne voulaient pas s'y reconnaître... Aujourd'hui, ils font avec ce passé détestable... Désormais, en région parisienne, les policiers suivent des formations spécifiques consacrées aux attitudes historiques de la police française, ils reçoivent des cours centrés sur la question de la désobéissance contre des ordres iniques, etc.

Dans les années 1980, une trentaine d'auteurs produisaient des choses très proches, avec une sensibilité politique commune, des trames romanesques presque semblables. Ce n'était pas une école, mais davantage une sorte d'essai collectif générationnel... Maintenant tout cela s'est dilué, chaque auteur me semble replié dans une pratique individualiste, il y a autant d'écoles que d'écrivains... Dans la production actuelle de romans, des choses m'intéressent, cela prouve l'extrême modernité du roman d'enquête. J'estime que la structure de l'enquête résiste à tout. Le système de l'enquête est un genre plastique qui se prête volontiers à toutes les expériences.

Didier Daeninckx

La construction du récit

La structuration du livre en chapitres assez courts va sans cesse permettre aux trois niveaux de construction d'avancer, de s'entrelacer... La structure générale du récit devra alors mettre en mouvement une véritable triangulation entre les trois niveaux de l'histoire et c'est cette articulation bien dosée qui va donner son rythme à l'ouvrage.

Une focalisation spécifique pour chaque chapitre s'impose, comme un éclairage singulier montrant avec force une partie restée auparavant dans l'ombre, dans le suggéré... Ainsi, des milieux sont dévoilés, des décors deviennent de véritables personnages.

Les trois pans de l'histoire se répondent en écho, ils s'enrichissent en entrelacs l'un l'autre, au service du livre dans son ensemble. Aucun de ces trois pans ne doit apparaître comme une digression. La force et la maîtrise de l'auteur feront en sorte de les articuler, décuplant ainsi la motivation et la passion de celui qui lira l'ouvrage.

Si vous découvrez le plaisir de donner vie à des personnages, mais aussi à des lieux, à des ambiances, à des phénomènes climatiques, amusez-vous à anthropomorphiser tous ces éléments, à les rendre vivants comme des personnages. Ainsi une ville peut-elle rire, pleurer, respirer, de même qu'une forêt peut se détendre pour mieux vous accueillir en elle et une pluie d'été oser prétendre vous alléger…

La métaphore arrive alors sans prévenir et vous autorise sans peine à enrichir votre langue, votre vocabulaire, loin des lieux communs stéréotypés et des formules creuses.

Paroles d'écrivain…

Comment se structurent mes romans ? Je procède souvent avec une construction double, à la fois une chronologie diégétique (l'histoire) et une base littéraire, un poème, une chanson, qui rythme la progression de la narration.

Stéphanie Benson

L'écriture elle-même

Nous reviendrons plus loin sur ce sujet. Néanmoins, chaque personne qui commence à écrire un texte doit s'interroger sur les registres de langage qu'elle souhaite utiliser.

Nous verrons que ceux-ci dépendent de vos choix narratifs, des milieux sociologiques que vous avez choisi d'aborder ou de faire traverser à vos personnages, de l'importance des parties dialoguées. En effet, un dialogue doit particulièrement bien refléter la manière de parler, précise et réaliste, des personnages. Et, selon les caractéristiques propres de ces derniers, différents niveaux de langue devront être choisis et utilisés.

Une langue familière ne pourra par exemple exister que dans la bouche d'un narrateur à la première personne du singulier, selon la personnalité que vous aurez choisi de lui donner, ou dans des dialogues collant au plus près des réalités des personnages « vivant » dans le récit. Le vraisemblable est aussi rendu par le choix du registre de langue que vous allez utiliser : à bonne distance d'un discours plaqué, pour coller au plus près de la réalité d'un personnage, pour transmettre une émotion, éclairer un événement, dénoncer ce qui vous semble odieux, applaudir une bonne idée ou une victoire, assumer une défaite.

Paroles d'écrivain...

On peut apprendre à structurer, à agencer, jamais à écrire.

Pour moi, l'écriture est une petite musique. Chaque écrivain a la sienne. Depuis que la fiction existe, depuis Sophocle, on raconte toujours les mêmes histoires, mais jamais de la même façon. C'est le toucher, la façon de monter ou de descendre les gammes qui peuvent simplement changer. Les ingrédients d'un bon livre se résument en une simple équation. Pour moi, le style de l'auteur ajouté au fond, cela donne du sens. À l'opposé, si l'on fait un roman pour faire passer des idées, on se trompe, on rédige un tract, un essai. Écrire m'angoisse toujours, cela me remet sans cesse en question. Après chaque livre, j'ai envie d'arrêter d'écrire... Pourtant plus je lis, plus j'écris, mieux j'écris. Il faut lire les autres, un ébéniste regarde toujours les meubles faits par d'autres artisans.

Patrick Raynal

Les points de vue
de la narration

Choisir son narrateur

Le choix du narrateur est capital dans l'écriture d'un roman. De là va dépendre le ton de votre récit, la couleur que vous allez donner à votre histoire. Le narrateur peut être le centre de votre récit, mais vous pouvez aussi le choisir plus décalé : un ami, une concierge, le facteur...

Voici deux narrations différentes pour la même histoire :

- *Les yeux du commissaire Blanchard allaient d'un suspect à l'autre, installés sur des chaises bancales. L'air semblait lui manquer et soudain, le visage écarlate, il hurla :*

   — Alors, je vous boucle tous les deux ?

- *Je posai mon regard sur le premier type, puis sur le second, dans la seconde, recommençant mon cirque aussitôt, les fusillant sans état d'âme, vautrés sur les chaises bancales. J'étouffai dans ce bureau sordide où je bossai depuis des années et je crevai de chaud, mon visage devint sans doute cramoisi, quand je hurlai :*

   — Alors, je vous boucle tous les deux ? Foi de Blanchard, vous allez vous coucher, les mecs...

Le choix de la forme narrative s'impose à vous au moment précis où le récit s'ouvre. C'est la première des choses à décider : qui raconte ? Quelle focalisation (point de vue) allez-vous choisir ?

Le « il » narrateur

Le « il » narrateur met en scène, raconte les événements : il est le conteur de l'histoire. Il s'agit de la forme « *Il était une fois…* » des contes de fées de l'enfance.

La narration pourra alors alterner entre de l'action rapide, des descriptions un peu longues, l'expression d'une temporalité, une mise en place, un rapport au temps et à l'espace.

La narration au « il », quand elle est extérieure à l'action racontée, va toujours organiser les événements présentés dans le récit. Elle oblige cependant l'auteur à la distance, et à utiliser un registre lexical neutre, correct, froid.

On peut trouver trois types de « il » :

- un narrateur qui sait tout ce qui se passe, en tout lieu, en tout temps et dans la tête de tous ses personnages – il est alors dit « omniscient » ;
- un narrateur dit « externe », c'est-à-dire qui raconte les événements de façon « extérieure », comme s'il n'en connaissait que les apparences ;
- enfin un narrateur dit « interne », dont le foyer est la conscience d'un personnage de l'histoire.

Le narrateur omniscient

La construction narrative omnisciente (utilisation de la troisième personne du singulier) est extérieure à l'action. Le narrateur en sait alors plus que les personnages eux-mêmes, il peut prévoir leurs réactions, indiquer leurs états d'âme : il sait tout.

Cette construction permet à l'auteur d'ouvrir simultanément des univers différents. Le « il » est libre de tout dire, tout imaginer, sans vraie cohérence. Le « il » est comme un dieu suspendu au dessus du monde qui organise soudain une histoire. Le narrateur extérieur tire les ficelles des marionnettes choisies pour la grande geste du drame imaginé par l'auteur.

La narration se structure alors au fil du récit. Le lecteur découvre des personnages, leurs actes, leurs pensées, leur histoire. L'auteur précise, affine, revient. La narration se rappelle la mère du personnage, la neige, l'enfance…

> « Novacek émergea progressivement à l'air libre… Il se mit à marcher à contre-courant des touristes venus respirer place Wenceslas, après le piétinement sur le pavé des ruelles engorgées qui montent du quartier de la Vieille Ville. Quelques flocons commençaient à danser devant ses yeux. Il se souvint que dans son enfance sa mère les appelait les confettis du ciel. »

Didier Daeninckx, *Un château en Bohême*

Le narrateur externe

Comme le narrateur omniscient, le narrateur externe n'est pas un personnage de l'histoire ; il ne raconte pas les faits de l'intérieur. À l'inverse du narrateur omniscient qui sait tout, le narrateur externe ne connaît de l'histoire que les apparences. Il ne sait en aucun cas ce qui se passe dans la tête des personnages dont il décrit tout bonnement les faits et gestes.

Ce type de narration ne donne aucun accès direct à la psychologie des personnages, il faut donc savoir faire appel à des procédés divers pour donner au lecteur des informations quant aux intentions et sentiments des personnages.

La narration décrit, pose les actes. Les personnages vivent. On ne sait pas ce qu'ils pensent de leur vie, de leur histoire, de leurs actions.

Le texte est froid, distant, efficace.

> « Et, dans le compartiment de luxe du train de luxe, elle avait dans les narines à la fois l'odeur luxueuse du champagne et le parfum sale des billets sales et l'odeur sale de la choucroute qui sentait comme de la pisse ou du foutre. »

Jean-Patrick Manchette, *Fatale*

> « … Il se mariait. Il possédait déjà ce complet B qui provoquait sa première scène avec sa femme et qui, des années plus tard, devait être la cause de sa mort. Il ne fréquentait personne, ne recevait pas de courrier. Il paraissait connaître le latin et par le fait avoir reçu une instruction au-dessus de la moyenne. Dans son bureau, Maigret rédigea une note pour réclamer le mort à la police allemande… »

Georges Simenon, *Le Pendu de Saint-Pholien*

Le narrateur interne

La focalisation interne avec un narrateur au « il » est parfois utilisée : c'est une posture à mi-chemin entre le choix de la narration interne à l'histoire avec un narrateur qui dit « je » et une narration absolument objective et extérieure à l'histoire.

La narration embrasse le point de vue d'un personnage en particulier et raconte l'histoire à travers le filtre de ses sensations, de ses sentiments, tout en n'étant pas aussi personnelle que si le narrateur disait « je ».

Cette narration permet de changer de focalisation au cours du texte : on peut changer de point de vue selon les chapitres, en faisant tout de même attention à ne pas perdre votre lecteur.

Après avoir longuement hésité, j'ai opté pour ce type de narration moi-même, pour le roman *Fausse Commune*, me permettant ainsi d'éclairer les questionnements, les affects, les débats intérieurs, parfois vifs, troublants et houleux, des principaux personnages.

Trois exemples tirés du même ouvrage, avec des focalisations différentes :

> « *Sans réelle conviction, le commandant Serge Duval relisait attentivement le rapport de l'équipe de nuit. "C'est encore mon pote de promotion qui a écrit ça…", se dit-il. "Ramasse-poussière devient mon principal pourvoyeur ! Je n'ai de ses nouvelles qu'à travers sa prose morbide… C'est mon contraire, ce type, cœur d'artichaut et sans souci."* »

> « *L'homme perdu voyait défiler sa vie d'hier, l'époque où il croyait encore aux vertus de l'Histoire… "Pour exiger l'abolition des privilèges ! dirait un Saint-Just débraillé, un costaud de la parlote publique, shooté tout comme moi à la trouille et à l'adrénaline !" pensa-t-il. "Je m'appelais encore Bernard Lapierre, possédais un numéro de sécurité sociale, une cage à lapins confortable, de quoi me nourrir et une jolie collection de livres… Le fracturé social, il se le garde au frais son putain de témoignage…" Le vieil homme haussa les épaules, regarda ses chaussures éculées, puis il reprit sa marche.* »

> « *La nuit était tombée depuis longtemps lorsque Chloé atteignit le quartier qui bordait le canal Saint-Martin… Finement maquillée, elle avait enfilé son blouson de cuir, mêlant volontiers les genres. "Poulbot revêche et jolie séduc ! Pour une nouvelle alchimie de la découverte !" avait-elle pensé, en traversant la place de la République d'un pas alerte.* »

Alain Bellet, Fausse Commune

Le « je » narrateur

Le choix d'une narration interne au « je », venant de l'intérieur même de l'histoire racontée, permet toutes les audaces. La narration à la première personne du singulier, le « je », installe d'emblée une ambiance, elle permet l'introspection, elle découvre sans cesse les états d'âme de celui qui raconte.

Évidemment, loin d'une littérature nombriliste actuelle, ce n'est jamais l'auteur qui se raconte au « je ». L'écrivain choisit juste la voix qui lui convient le mieux, l'angle, le point de vue du personnage le plus à même de raconter l'histoire.

Cette narration seule permet d'adopter un ton très personnel, dicté par la personnalité du personnage qui raconte.

Quelques exemples :

> « Et moi, j'étais dedans. Une catastrophe ferroviaire ! Avec moi dedans ! Et je ne suis pas mort et ils vont venir me tirer de là, et il faut qu'ils se grouillent ces cons, je vais crier, je vais passer à la télé, ils vont tout découper au chalumeau, ils ont sûrement des chiens pour chercher, je suis coincé sous la tôle… »
>
> Jean-Bernard Pouy, *L'Homme à l'oreille croquée*

> « Il me l'avait bien dit, monsieur Bouvier, que si je continuais à faire l'andouille, je pourrais jamais aller au collège normal, comme les autres copains de la classe. Monsieur Bouvier, c'était le maître qu'on avait en CM2… »
>
> Thierry Jonquet, *La Vie de ma mère !*

> « L'intérêt de se trouver sur les lieux même d'une explosion, c'est que personne ne vous y piétine. Tout le monde fuit l'épicentre. Le poids de la fille couchée sur moi me colle au sol. »
>
> Daniel Pennac, *Au bonheur des ogres*

Ce parti pris littéraire souvent choisi par les auteurs de romans organisés autour d'un personnage principal légèrement « décalé » aux états d'âme interlopes offre au lecteur une densité, une noirceur, une humanité désabusée ou compassionnelle que la narration au « il » atténue ou élude pour rester à la surface de l'action et d'elle seule.

La plupart des récits mettant en scène une enquête conduite par un détective privé, gouailleur, désabusé et souvent irascible, sont racontés par lui-même. Le « je » confère une couleur forte, une tonalité qui berce le lecteur…

Le personnage devient un conteur d'histoires terribles et l'adhésion du lecteur redevenu enfant est souvent immédiate. Dans l'histoire même du roman policier américain, on peut retrouver parmi de nombreux auteurs le « récit du privé » toujours en doute, plus ou moins alcoolique, prêt à jeter l'éponge par découragement endémique.

Choisir le temps du récit

Autre question à résoudre avant même d'écrire une phrase : quel sera le temps de mon récit ?

Sera-t-il composé au passé ? Choisirai-je plutôt le présent ?

Contrairement à ce que la plupart des jeunes scolarisés et des gens interpellés par l'écriture pensent spontanément, utiliser une conjugaison au présent pour écrire s'avère très, très difficile.

En effet, si la narration (qui raconte l'histoire), les pensées de personnages et les dialogues sont au présent, le texte va apparaître linéaire, conçu comme un scénario de film.

À l'inverse, l'utilisation du passé narratif donne au lecteur des sensations de rupture… Il est convenu que dialogues et pensées des personnages soient toujours écrits au présent. La cassure du rythme permet de remobiliser ou de capter à nouveau l'attention de votre lecteur.

Enfin, si l'on choisit un narrateur interne et s'il raconte au présent, il se doit d'être présent dans tous les recoins du récit.

Enfin, la langue française offre une jolie palette de temps différents pour raconter ou dire au passé.

Ces temps permettent une précision au scalpel que n'offre pas le présent. Leur utilisation permet une sorte de profondeur de champ, comme pour la photographie ou le cinéma, la narration pourra adopter un angle de vue et des focales spécifiques.

- Le plus-que-parfait donne une narration éloignée, c'est le passé du passé. C'est comme une sorte de panoramique au cinéma.

- L'imparfait reste le temps du récit, le temps de l'histoire inventée, le temps du mensonge : « *Il était une fois…* » À l'image, la caméra s'est rapprochée de ce que l'on veut montrer, c'est un plan américain.

- Le passé simple traduit l'immédiateté de l'action racontée au passé. Il s'agit à l'image d'un gros plan centré sur ce dont on parle, ce que l'on veut montrer. C'est aussi une action achevée.

- Le passé composé est avant tout le passé du dialogue. En narration, on peut écrire : « *Le commissaire avait interrogé le suspect toute la nuit…* » Dans une partie dialoguée, le commissaire en question dira : « *J'ai interrogé le suspect toute la nuit.* »

Ces femmes étaient installées sous le kiosque du jardin public *{Vue de loin, un panoramique…}*. L'une d'entre elles, avec ses cheveux rouges et ses yeux azur, fascinait le commissaire chargé de les surveiller *{On s'est rapproché…}*. Soudain, une moto pénétra à vive allure dans le parc, une détonation retentit et le policier s'écroula dans la poussière de l'allée centrale. *{Gros plan, action immédiate, rapide…}* Une femme s'approcha de la victime et dit :

— J'ai déjà vu l'homme qui conduisait… *{passé du dialogue}*

Encore une fois, le choix du narrateur et celui du temps du récit devront intervenir aux premières tentatives d'écriture. En fonction de ces décisions, ce qui sera raconté ne pourra être la même chose.

La question centrale du point de vue du narrateur interne détermine un récit singulier. Vous comprenez bien que le roman sera différent selon qu'il s'agira d'une histoire racontée par le détective traquant un meurtrier, par les proches de la victime ou encore par le criminel…

Ces points de vue différents permettent de traiter en profondeur tel ou tel aspect d'un événement. Si l'on veut aborder par exemple sur le fond la question des motivations d'un *serial killer* ou d'un assassin libidineux, l'auteur a intérêt à lui faire raconter l'histoire à la première personne du singulier…

Comment construire vos personnages ?

Ce n'est pas le rôle ou la fonction prédéterminée qui fait le personnage, c'est son rapport au monde, sa part d'humanité ou d'avanie… Selon les situations que vous choisirez de raconter, soit vous serez dans l'imaginaire total, soit vous allez vous inspirer de « modèles » proches ou plus lointains, existant ou ayant existé.

Même si un auteur n'utilise pas tout de ce qu'il sait d'un personnage qu'il a créé, cette construction préalable demeure essentielle pour qu'un personnage possède de la chair, de l'épaisseur, un rapport au monde. En effet, ce n'est pas la situation préétablie autour du délit ou du crime choisi qui détermine vos personnages, mais vous-même, dans un processus de décision le plus précis possible. Un personnage possède une histoire personnelle et ce qui lui arrive peut en découler (faille psychologique, névrose familiale, etc.).

Méfiez-vous des modèles

À l'heure de décider de vous lancer dans l'aventure de l'écriture d'un roman policier, et vu le nombre d'œuvres dites « de genre » existantes, vous devez vous interroger sur l'idée de modèle. En effet, un mauvais réflexe serait de retrouver presque spontanément une sorte de modèle d'identification à tel ou tel personnage de fiction célèbre. Éloignez-vous le plus possible de tout ce qui a déjà été écrit par d'autres. Sauf à choisir volontairement le pastiche, il faut s'évertuer à tenir à bonne distance de soi tout ce qui a déjà été conçu et mis en œuvre.

Il est nécessaire d'identifier tous vos personnages, de les connaître, les enrichir au maximum avant de les mettre en mouvement. Il convient de déterminer les milieux sociaux dans lesquels vous allez planter votre intrigue, les personnages pouvant leur correspondre, mais ils peuvent également se trouver en contre-emploi, ce qui donne des situations originales, porteuses d'intérêt. Des personnages de fiction peuvent ressembler à de vraies personnes, mais vous devez vous éloigner de vos modèles pour qu'une « vie » autonome puisse se mettre en place.

La palette de personnages

Pour vous aider à maîtriser l'élaboration d'un personnage, inspirez-vous de ce que je nomme une « palette de personnages ». Imaginez une palette de peintre. Pour chaque personnage de votre histoire, il faut déterminer les couleurs correspondant à :

- l'identité du personnage ;
- les traits physiques marquants ;
- les traits majeurs de caractère ;
- la définition de sa psychologie ;
- ses relations au monde ;
- son histoire ;

• • •

• • •

- son lieu d'origine ;

- sa vie personnelle, intime ;

- ses références ;

- ses qualités et ses défauts ;

- ce qu'il aime le plus ;

- ce qu'il déteste le plus ;

- ses avanies, ses hontes ;

- ce qu'il cache de lui-même ;

- ses rapports aux hommes ;

- ses rapports aux femmes ;

- ses amis ;

- son jardin secret ;

- etc.

Si, lors d'une attaque de banque, par exemple, vous pensez clients, guichetiers, directeur et gangsters, un soldat de l'Armée du Salut peut chanter des psaumes devant la porte principale de l'agence bancaire et devenir votre personnage principal. Là, il sera peut-être un témoin original. Amusez-vous à surprendre votre futur lecteur. Parmi vos personnages secondaires, glissez-en toujours un ou plusieurs correspondant à des métiers, des lieux, des profils, des habitudes que vous connaissez. Cela accentuera le côté vraisemblable et vous permettra de vous « appuyer » sur une réalité que vous maîtrisez. S'appuyer sur du connu, c'est aussi prendre une certaine distance avec l'intrigue principale ; ce sera l'un des moyens de donner de l'épaisseur à l'ensemble du récit.

Le personnage : un être vivant !

Lorsque le moment est venu de concevoir votre ouvrage, le choix d'intrigues possibles (l'histoire que vous allez écrire) posé, il importe d'imaginer les personnages qui vont « porter », « habiller », donner de la chair à votre récit. Si vous utilisez le schéma classique du roman d'enquête commençant par le crime ou le délit, vous devez choisir, si j'ose dire, la bonne victime.

> Qui est retrouvé mort ?
>
> Qui a-t-on enlevé ?
>
> Qui a été volé ?

Dans quelle arnaque allez-vous faire plonger vos futurs lecteurs ?

Évidemment se pose la question du pourquoi, c'est-à-dire ce que les vrais fonctionnaires de police nomment le mobile d'un délit ou d'un crime.

> Pourquoi cet assassinat ?
>
> Que veut-on négocier ?
>
> Est-ce une vengeance ?

Dès lors, la question des indices s'impose, celle des suspects aussi.

> Le suspect connaît-il sa victime ?
>
> Est-ce un motif d'intérêt ?
>
> À quel événement relier cela ?

Le choix du héros

Quel type de héros pourrait être votre personnage principal ? Si l'histoire du roman policier est peuplée de vrais flics et de détectives privés à la voix d'outre-tombe nécessairement alcooliques, depuis quelques années, les enquêteurs peuvent ressembler à vous et moi. Écrivain, photographe, coiffeuse, militant syndical, avocat, médecin, webmaster, chasseur de têtes, coach d'industrie, livreur de pizzas, vendeur de téléphones mobiles, tout est possible. Mais dans ce cas, l'un des personnages secondaires sera nécessairement un fonctionnaire de police, une sorte d'interface avec le réel...

Ensuite, pensez aux personnages qui vont aider ou encombrer votre héros. Ils vous permettront au long de l'enquête de faire vivre votre récit au moyen de parties dialoguées. Ce sont parfois des silhouettes nécessaires pour faire exister votre histoire, à d'autres moments des personnages davantage construits, acteurs importants des histoires parallèles, des intrigues croisées, contrepoints nécessaires du roman. Les personnages secondaires doivent avoir une place à part entière, et pas seulement être les faire-valoir du héros.

Posez-vous toujours la question de la motivation du personnage principal. Que cherche-t-il dans la vie inventée ? Que veut-il au fond ? Résoudre un crime ? Meubler sa vie vide depuis le départ de sa compagne, le décès de son fils dans un accident ? Quel sera son moteur profond, en pleine conscience ou par effet, par écho ? Enfin n'oubliez pas que la création des personnages secondaires doit se trouver au service de votre histoire, de la crédibilité même de votre intrigue et de son principal protagoniste.

Paroles d'écrivain...

> *Tout est difficile dans le polar. Un bon polar est à la fois un livre métaphysique, social, psychologique, littéraire. Cela fait beaucoup ! Le personnage principal idéal doit être le plus complexe possible. Qu'il soit le bon ou le méchant, rien ne doit être facile pour lui.*

Stéphanie Benson

Du cœur et des tripes

Vos personnages doivent ressembler à des humains, se comporter comme eux, éprouver des sentiments, avoir des envies ou des besoins, accomplir des gestes quotidiens, être confrontés aux contraintes ordinaires.

L'histoire personnelle des personnages peut filtrer de temps à autre dans le récit. Nous l'avons déjà dit, cela peut même constituer l'objet d'une seconde histoire, d'une autre intrigue. Un enquêteur peut connaître le doute, être envahi par des questionnements métaphysiques, éprouver du désir pour un autre personnage, aimer…

Connaître le mort mieux que quiconque

Quant au personnage de la victime, si votre livre part d'un crime, soignez particulièrement son origine, son histoire personnelle. C'est sa biographie et des précisions importantes du point de vue de son rapport au monde (emploi, mode de vie, positions politiques, etc.) qui vont vous offrir autant de directions différentes pour lancer une enquête, et par là même des fausses pistes, des faux coupables, des suspects largement hors du coup.

Le climat du roman

Les personnages, l'intrigue centrale, le contexte choisi, tout cela participe d'une couleur, d'un climat particulier qui rencontrera l'adhésion ou le rejet de votre éventuel lecteur. Ce que je nomme ici « climat » est aussi l'atmosphère dans laquelle évoluent l'intrigue et ses protagonistes. C'est l'ambiance, la couleur générale de l'ouvrage qui déclencheront ou non les réactions émotives et affectives d'un lecteur. L'émotion, en effet, constitue l'un des moteurs de l'adhésion du lecteur à un roman policier.

Paroles d'écrivain...

Sur le fond, de quoi parlent tous les romans blancs ou noirs ? Des sept péchés capitaux, le meurtre, la haine, la jalousie, l'adultère... Mais l'intrigue n'est pas suffisante, il faut que vos personnages existent, qu'ils fassent la danse du ventre pour séduire, accrocher, toucher... Dans le polar, le décor importe, le lecteur est toujours friand d'une véritable étude de milieu construite autour d'un personnage.

Patrick Raynal

Comment commencer
à écrire ?

Pour la littérature générale, le poète et romancier Louis Aragon aimait répéter qu'un roman ne correspond pas à une idée ou à un sujet à développer, mais est avant tout fait de mots qui se suivent, s'accrochent, se complètent. D'où l'idée de l'importance des premiers bouts de textes, de phrases, que l'on jette au hasard. L'idée est simple : la première phrase d'un roman joue le rôle d'une locomotive tirant les wagons des chapitres suivants et de l'intrigue dévoilée.

Soigner son *incipit*

Tout d'abord, se poser toujours la question du comment « ça commence » ? Quel sera l'*incipit* du texte (« il commence », « ça commence » en latin, c'est-à-dire la première phrase d'un livre) ?

D'entrée, l'*incipit* choisi donne le ton, pose une ambiance, c'est l'accroche pour le lecteur. Immédiatement, on sait qui raconte, qui va parler… On sait dans quel contexte on est, dans quel registre on se trouve. On plante aussi un décor en quelques mots…

Il faut s'entraîner à écrire une première phrase, comme si le roman était déjà existant, et peut-être choisir le point de vue, ou l'angle narratif vous semblant le plus pertinent pour raconter l'histoire que vous portez en vous. La première phrase d'un roman informe le lecteur sur les choix de constructions littéraires posés par l'auteur :

- C'était un matin chagriné, une nébuleuse de doutes encombrait le cerveau de Paul Mathias lorsqu'il rejoignit les premiers secours regroupés autour d'un corps sans vie.

- L'eau noire du canal me dégoûte toujours lorsqu'elle clapote à l'ancienne, au-dessus d'un fond tapissé des poubelles de la ville.

- Le cheveu était fin, le corps élégamment dessiné, le vêtement harmonieux et de bonne coupe ; le trou à la tempe gauche permettait une buissonnière à perpète, la collégienne vautrée sur le trottoir du boulevard Exelmans ne respirait plus.

- La rame s'était immobilisée juste avant la station Montparnasse-Bienvenüe et Claude Nizard pensa qu'un peu plus loin sur la ligne un pauvre type avait choisi le métropolitain pour tirer sa révérence…

L'*incipit* ouvre l'histoire, donne le ton. En une phrase, longue ou plus courte, on plante un décor, on ébauche la silhouette d'un personnage. Cette première phrase majeure d'un livre peut être « ouverte » vers tous les possibles sans que le lecteur ne sache encore où vous allez le conduire. Cela est vrai pour le polar et pour toute littérature :

> « *Ça a commencé comme ça, moi, j'avais jamais rien dit.* »
>
> Louis-Ferdinand Céline, *Voyage au bout de la nuit*

À l'inverse, l'ouverture, le démarrage du texte peuvent être serrés, évidents, fermés.

> « *D'un tempérament doux, Vincent Arthus n'avait jamais tué que sa femme.* »
>
> Jean-Marie Laclavetine, *En douceur*

Lancer l'intrigue

Dans le roman policier de facture classique, le premier chapitre sera toujours utilisé pour jeter un crime ou un délit en pâture au lecteur. Soit il est montré, décrit, presque mis en scène, soit il est annoncé avec une importante extériorité (un article de presse comme dans la série *Le Poulpe*, un flash télé, un coup de téléphone, un mail anonyme, un SMS de corbeau branché…).

L'intrigue commence ensuite réellement au deuxième chapitre avec la mise en mouvement d'un fouilleur de vérités, un enquêteur fonctionnaire, un détective privé, un curieux de la vie n'ayant pas froid aux yeux comme Gabriel Lecouvreur, le personnage mythique du Poulpe, imaginé par Jean-Bernard Pouy et confié ensuite à plus de cent cinquante auteurs, chacun plantant une intrigue dans le contexte de son choix en respectant cependant la « bible » des personnages principaux et quelques passages obligés comme un bistrot, les visites à la chérie coiffeuse…

Dans ce cas, le respect d'un cadre et de quelques contraintes, contrairement à ce que l'on peut penser, donne une importante liberté d'action et d'écriture. La bible à respecter permet d'avancer au lieu de subir des pannes d'imagination ou des failles de structure.

Lorsque j'ai écrit *Danse avec Loulou*, le personnage du Poulpe était déjà riche de près de cinquante livres et cette épaisseur donnée et investie par autant d'auteurs m'a permis de travailler davantage la structure du récit et le contexte du monde culturel de la danse contemporaine que j'avais choisi comme toile de fond.

> « Le Poulpe est un personnage libre, curieux, contemporain, qui aura quarante ans en l'an 2000. C'est quelqu'un qui va fouiller, à son compte, dans les failles et les désordres apparents du quotidien. Quelqu'un qui démarre toujours de ces petits faits divers qui expriment, à tout instant, la maladie de notre monde. Ce n'est ni un

vengeur, ni le représentant d'une loi ou d'une morale,
c'est un enquêteur un peu plus libertaire que d'habitude,
c'est surtout un témoin. »

Présentation du personnage du Poulpe
sur le site www.gabriel-lecouvreur.com

Le démarrage d'un livre s'organise toujours sur une cassure, un élément qui brise, qui hurle, qui perturbe. Ça soupire, ça pleure, ça rend la vie sinistre en un instant.

L'écriture, lieu d'expression de l'imaginaire

Savoir raconter une histoire n'est pas donné à tout le monde. Écrire non plus, quoi que l'on en pense. Un roman ne se réduit pas au récit d'une aventure bien ficelée qui emporte l'adhésion d'un lecteur. Un roman policier, un polar est constitué d'une intrigue, d'intrigues mêlées. Celles-ci sont portées par des personnages que l'on doit faire évoluer, vivre, dans les mains de la personne qui vous lit. Notre outil majeur pour convaincre, toucher, émouvoir, ce sont les mots, notre rapport au verbe. C'est aussi le lieu de rendez-vous avec la langue, le lieu d'exposition du travail d'écriture d'un auteur. L'établi d'un écrivain mérite toutes les visites possibles.

Conduire l'orchestre

Pour composer un roman, il faut avant tout savoir que vous êtes le chef d'orchestre d'une machinerie qui va vous échapper dès lors que le texte prendra de l'importance, c'est-à-dire une autonomie relative à votre égard. Ne vous en inquiétez pas, la création littéraire née de votre imaginaire et de votre écriture deviendra peu à peu extérieure à vous-même.

Certains auteurs élaborent des plans précis, établissent des synopsis détaillés, d'autres se lancent plus directement dans les mots, une fois le cadre général arrêté.

Vous venez d'imaginer votre intrigue, vous commencez à fréquenter vos personnages, vous avez choisi votre décor, votre époque. Maintenant, l'atelier vous attend.

Après avoir déterminé votre structure narrative et le temps du récit, lancez-vous sur quelques pages, pour une sorte d'essai. N'oubliez jamais que vous disposez de trois sortes d'écrits :

- la narration : c'est l'histoire que vous racontez (au passé ou au présent selon votre choix préalable) ;
- les parties dialoguées entre des personnages (toujours rédigées au présent) ;
- la voix intérieure : le monologue intérieur d'un personnage qui pense (écrit également au présent).

Si le genre du roman policier semble privilégier l'intrigue et l'histoire racontée, le texte devient le théâtre de votre propre sensibilité. Des mots jetés dans l'urgence peuvent être dans l'approximation, dans le lieu commun aussi. Un récit quel qu'il soit ne saurait être réduit à votre premier jet. Un roman en chantier devra revenir souvent sur l'établi des mots avant de recevoir de votre part le label *Fin.*

Si l'écriture nous permet de raconter une histoire, n'oubliez jamais qu'elle assume une autre fonction : elle est sans cesse un lieu de fabrication d'images proposées au lecteur. Ce sont des mots qui montrent, ce sont des mots qui priorisent ce que vous voulez exprimer, montrer ou, au contraire, taire ou cacher.

Paroles d'ancien enquêteur...

> *Pour moi, le roman policier est un moment de détente mais toujours avec le souci de trouver le coupable avant la fin du livre (on ne se refait pas). Même si, dit-on, chacun a un Goncourt dans la tête, je ne crois pas qu'un roman puisse*

être réalisé sans avoir beaucoup lu, pour comprendre comment le structurer et faire vivre les personnages, ou avoir participé à des ateliers d'écriture...

Michel Louvet

Si tout peut être dit dans un texte, très vite il vous faudra acquérir plusieurs réflexes nécessaires à mes yeux.

Le sens de l'épure

Tout n'est pas à dire, tout n'est pas à décrire. En quelques images composées, en quelques lignes nécessaires, vous trouverez l'essentiel. Ce n'est pas le nombre de pages d'un livre qui fait la qualité d'une œuvre romanesque, mais sa densité, son organisation, la diversité de ses focales. Il convient d'aller à l'essentiel et, parfois, une ambiance, une situation, un sentiment montré s'écrivent en peu de mots.

- Le grand café de la gare agonisait et, dans un sifflement strident, le train à grande vitesse traversait la ville comme pour en annoncer la future décadence.
- Leurs regards suffisaient, leurs mains se pressaient l'une contre l'autre, de l'amour se moissonnait dans le silence complice de deux êtres sans importance.

Le jeu des focales différentes

La force d'une phrase ou d'un paragraphe peut être trouvée dans une capacité singulière à « promener » simultanément un lecteur dans des « lieux » différents. Promenez des images comme une caméra, en effectuant une sorte de travelling de mots, pour évoquer ici un outil cinématographique.

- De son regard blessé, bleu hésitation, Mathilde le regardait avec lassitude, partout autour d'eux la grande ville grouillait de mille facéties et, au fond d'une improbable cave, les vers attaquaient leur ouvrage éternel.

- Ses bras s'ouvraient, son corps vibrait, sa peau se tendait comme un arc vers elle et, dans l'habitude urbaine prise un soir de déraison, Julien s'était mis à chanter une traîneuse de saison juste en face de l'abri de fortune où le faux couple s'était installé quelques heures glacées auparavant.

- Dans le cœur de la ville endormie, la jeune môme sans histoire avançait d'un pas décidé, je pensais à mon père emporté par la malédiction des pas-de-chance, de son côté la lune bien pâlotte ce soir-là s'offrait le premier rôle des stars désabusées.

- Sur un ordinateur bas de gamme, Jacques Mondol tapait la déposition du type qui lui faisait face sans bonheur apparent, dehors Paris jouait le grand retour du printemps et, au coin de la rue du Four, Mélanie Sylvestre regardait les vitrines comme une fée sans pouvoir.

L'ellipse

Tout n'est pas à dire, raconter, décrire. Pour donner un rythme soutenu à un récit, il vous faut apprendre à sauter, couper, faire « *cut* » comme disait Nicholas Ray dans son film *Lightning Over Water* (*Nick's Movie*) coréalisé avec Wim Wenders. Il faut juste s'arrêter dans les parties nécessaires à la compréhension du texte. Il est inutile de décrire la vie complète d'un personnage et d'évoquer des moments où il ne se passe rien. En coupant, on crée une tension de lecture, laissant au lecteur le loisir d'imaginer la partie non écrite.

Les dialogues

Les parties dialoguées d'un roman évitent tout d'abord d'être uniquement dans la narration. Indéniablement, si elles sont difficiles à écrire, elles donnent du rythme au texte, cassent la monotonie d'une trop longue narration et font vivre et parler vos personnages. De plus, si le roman est écrit à la première personne du singulier, les dialogues vont vous permettre d'éviter de tout évoquer dans un style narratif. De plus, pour une narration au passé, les dialogues au présent induisent des ruptures de rythme et peuvent relancer l'attention d'un lecteur…

Un bon dialogue sera court, tendu, efficace. Évitez les trop longs monologues où le lecteur perd souvent l'identité de celui qui parle. Il est vrai que l'on peut utiliser des incises (« dit l'inspecteur », « répéta le suspect », « ajouta l'inspecteur », etc.). Mais si on les utilise trop, une certaine lourdeur s'installe…

• Je regardais la jeune Portugaise depuis de longues minutes. Soudain, j'osai :

— Vous êtes en France depuis combien de temps ?

— Un an et demi, monsieur le commissaire…

Elle tremblait légèrement. Je la savais en situation irrégulière mais ce n'était pas mon problème. J'ajoutai :

— Vous parlez bien le français. L'homme que je recherche a dû vous dire quelques mots, non ?

— Je ne l'ai pas compris, je vous promets, me répondit-elle, visiblement angoissée.

— Vous mentez ! dis-je d'une voix péremptoire, agacé.

La jeune femme ignorait encore que je la soupçonnais depuis plusieurs semaines…

Le style

On ne peut connaître son style avant d'avoir écrit de nombreux livres, et encore. Cependant, quelques manières d'écrire deviennent vite lisibles par chacun. Avec des phrases courtes, ciselées, l'action avance. Des phrases longues, des réflexions humaines, l'état d'âme d'un personnage ou du narrateur permettent au lecteur de s'installer près de celui qui se livre. L'utilisation renouvelée de métaphores personnelles, à la place des lieux communs populaires nés de proverbes ou de formules langagières passées dans le patrimoine lexical collectif (« boire comme un Polonais », « blond comme les blés », « mentir comme un arracheur de dents », etc. : à proscrire tout cela !), signe le début d'un style personnel. De la même manière, la pratique aux ciseaux de l'ellipse fait découvrir son auteur.

Certains auteurs de romans noirs soigneront leurs intrigues, d'autres leurs plumes. Entre le raconteur d'histoire et l'écrivain, le travail sur la langue fait toujours la différence.

Les lourdeurs de style, les répétitions non contrôlées, les descriptions sans saveur ni odeur ni couleur se travaillent au fur et à mesure d'une pratique de création littéraire.

L'essentiel reste l'authenticité d'une écriture, sa concision, son efficacité. Le talent d'un auteur n'est pas inné, il résulte toujours d'un travail, d'une analyse de ce qui est produit, de l'opportunité du choix d'un vocabulaire.

Les différents registres de langue

Dans un roman policier, plusieurs « langues » vont se confronter. L'auteur devra coller au plus près de la réalité d'une situation, d'un personnage, de son appartenance sociale. Le médecin légiste utilisera peut-être une langue scientifique pour répondre aux questions d'un enquêteur relatives à l'état d'un cadavre, le chauffeur routier sera éventuellement grossier à l'occasion d'un accident, le jeune de banlieue mâchonnera un « vas-y » chantant et n'hésitera pas à lancer des bordées d'injures métissées dans un dialogue… La familiarité et la grossièreté utilisées seront toujours au service de la vraisemblance, mais attention à la langue de la narration. Le narrateur omniscient, rappelons-le, fait avancer l'histoire dans un registre lexical neutre, correct et construit. Quant au langage du narrateur-personnage, tout dépendra du choix posé.

Comme pour les enfants scolarisés, découvrant les joies de l'écriture fictionnelle, un auteur de roman devra s'appliquer à se défaire des réflexes nés de la langue orale et de ses approximations. Le mot juste, le verbe définissant une action, l'adjectif chargeant de sens et d'affect une situation ou une personne résultent d'une relecture attentive. Ainsi, il convient souvent de faire la chasse aux verbes « être » et « avoir » et de les remplacer par d'autres qui donnent de l'épaisseur au récit, de la précision à l'action.

La correction par la mise en bouche

Pour vous connaître davantage encore, n'hésitez pas à vous offrir ce que Gustave Flaubert appelait son « gueuloir ». Lire à voix haute devant un auditoire restreint demeure l'un des moyens les plus efficaces pour retrouver les imperfections d'un fragment de texte, pour déceler l'incompréhension sur un visage, pour détecter les lourdeurs et les répétitions. Le texte mis en bouche permet déjà d'aborder une phase de réécriture.

© Groupe Eyrolles

***

Plus qu'un autre type d'ouvrage romanesque, le polar oblige à une réelle structure, appuyée sur de solides charpentes. L'intrigue se doit d'être la mieux construite et imaginée possible. La construction de votre récit ne pourra être maîtrisée que si vous en avez choisi le point de vue narratif et le temps du récit qui vous semble le plus à même de répondre à vos désirs, ou de correspondre à vos compétences.

L'élaboration des personnages mérite toute votre attention car chacun d'entre eux devra être vraisemblable, je dirais vivant !

Une fois l'intrigue conçue, les personnages choisis, l'heure s'impose. L'ouverture d'un roman et notamment son *incipit* vont déterminer l'intérêt d'un lecteur, ne l'oubliez jamais, tout comme il importe de ménager les éléments de rupture, de perturbation d'une situation.

Par-delà l'histoire inventée, votre écriture fera ou ne fera pas l'affaire. Elle sera le lieu d'expression de votre imaginaire. Dès lors, réfléchissez à ce qui doit être exprimé, ce qui peut être suggéré, ce qui devrait être tu. L'épure, l'ellipse, des registres de langue différents s'imposeront à vous. Très vite, un style se forgera : votre style. La lourdeur massive d'une histoire criminelle aura peut-être besoin d'une légèreté de traitement. Ou l'inverse. Un style s'installe vite lorsque la langue est juste. Maintenant, des questions essentielles restent encore à intégrer, ne les négligez pas : prêtons-y attention ensemble.

TROISIÈME PARTIE

Les questions majeures

Garder la réalité et
ses contraintes à l'esprit

Pour se sentir à l'aise dans la conduite d'un projet de livre, il convient d'oublier les grands mythes, de se dégager des personnages emblématiques qui ont donné au genre policier ses lettres de noblesse. Derrière les choix à opérer, les idées de l'auteur que vous allez devenir vont vous imposer une typologie de personnages selon la place qu'occupe le « personnel » du crime dans votre galaxie imaginaire.

Ces dernières années, le personnage principal traditionnel (le flic ou le détective privé revenu de tout, bouteille comprise) s'est sensiblement effacé pour laisser le champ libre à de nouveaux héros : juges, avocats, substituts, médecins, procureurs.

L'enquêteur s'écrit aussi au féminin ; parfois des duos font leur apparition, comme dans *Les Orpailleurs* de Thierry Jonquet par exemple, où un flic cassé psychologiquement s'efforce de suivre les raisonnements d'une pétillante juge d'instruction.

Tout est possible, à vous de choisir. Même des personnages à contre-emploi, loin des stéréotypes.

Mais rappelez-vous toujours l'obligation de vraisemblance. Si votre enquêteur est un amateur du dimanche, le reste du temps, il faudra le faire travailler quelque part… Il ne pourra suivre quelqu'un pendant les heures ouvrables, sauf à créer un suspect travaillant dans la même entreprise ou le même bureau…

Personne n'est obligé de coller à une tradition séculaire qui a donné des centaines d'ouvrages. Oser faire du neuf a donné le succès que l'on connaît à Fred Vargas, par exemple, pour une belle innovation du genre. Pour bâtir ses intrigues d'une façon originale et innovante, elle a largement utilisé ses compétences professionnelles d'archéologue médiéviste !

Quand vous « tiendrez » définitivement vos personnages après leur avoir donné une certaine consistance, n'oubliez pas de vous confronter sans cesse au réel, d'aujourd'hui ou de l'époque que vous avez sélectionnée, par goût ou par gageure. Ainsi, l'enquêteur, ses suspects et son éventuel coupable ne pourront être fantaisistes que dans la forme, avec une sorte d'habillage romanesque qui vous correspondra, car sur le fond vous serez contraint de vous interroger sur l'idée même de l'enquête conduite et des conceptions en présence venues de la réalité policière ou judiciaire.

Votre personnage enquêteur possède une vie avant, pendant et après son investigation. L'auteur que vous devenez doit fréquenter son personnage au plus près, c'est-à-dire tout connaître de lui, même si vous n'utilisez pas l'ensemble des caractéristiques choisies.

Afin d'affûter votre connaissance du personnage principal, imaginez-le dans les situations les plus banales et essayez de décrire son comportement, ses réactions, ses pensées. Cela sera tout autant de scènes déjà écrites et qui viendront naturellement se loger dans votre texte une fois le roman bien avancé. Ainsi, imaginez votre héros :

— en visite chez ses parents en province ;

— en présence d'une très belle femme ou d'un très bel homme ;

— en train d'acheter une baguette chez son boulanger habituel ;

— dans le bus ;

— au restaurant ;

— dans sa voiture ;

— témoin d'une rixe qui devient violente ;

— un soir de semaine chez lui/elle ;

— un dimanche comme les autres ;

— en proie à un mal de crâne persistant ;

— devant le miroir ;

— avec son amoureux(se) (de passage ou permanent(e)) ;

— etc.

Paroles d'ancien enquêteur...

Quelles sont les principales qualités d'un enquêteur ? Le doute, l'absence d'idée préconçue et l'objectivité. Ce sont les faits, les éléments qui doivent guider la réflexion, et non l'intime conviction qui conduit à ne rechercher que ce l'on croit savoir.

Le suspect, c'est forcément le personnage intéressant qui émerge des investigations, des constatations et des rapprochements. Il fait partie des favoris pour la suite de l'enquête, mais il ne faut pas oublier que, comme dans les courses de chevaux, ce ne sont pas toujours les favoris qui gagnent, il y a aussi des surprises. Parfois, l'inenvisageable est possible. Donc avoir une attention particulière pour le suspect, OUI, mais ne pas négliger les autres pistes. Une enquête judiciaire, c'est aussi une démonstration a contrario en éliminant tous les impossibles pour se concentrer sur les vraisemblables.

Quant au coupable, c'est celui qui dépense beaucoup d'énergie et d'intelligence pour ne pas se faire prendre, que son acte ait été prémédité ou non. Quoi qu'il ait fait, ça reste un être humain qui doit être respecté en tant que tel, même si c'est un pervers total...

Michel Louvet

À quelques millimètres de la réalité

Avec Raymond Chandler et de nombreux auteurs, réaffirmons ici que tous les ingrédients d'une histoire policière doivent appartenir au réel dans lequel nous évoluons, ou au contexte spécifique d'une réalité passée.

Une nouvelle fois, réaffirmons aussi l'obligation, pour être accepté et cru par votre lecteur, du vraisemblable.

Et lorsque la réalité mute décor et intrigue, nous n'avons pas droit à l'approximation, à l'erreur, pire, à la méconnaissance. Lorsque Georges Simenon a créé le commissaire Jules Maigret, il a souvent fait le voyage éducatif au 36, quai des Orfèvres pour interroger les modèles disponibles sur leurs pratiques, les conduites habituelles d'investigation, la vraisemblance du crime « proposé » lui-même.

J'ai moi-même profité, il y a plusieurs années de cela, des conseils d'un commissaire divisionnaire de la brigade criminelle pour approcher au plus vrai la réalité des crimes pédophiles, pour *Les anges meurent aussi.*

Paroles d'ancien enquêteur...

> *En qualité d'ancien enquêteur chargé de dossiers sensibles comme les enfants disparus, j'estime que le roman policier permet de porter un regard sur la face cachée de la société. Il nous parle de ce que l'on ne peut ou ne veut pas voir, c'est un regard décalé.*
>
> *Les intrigues découvertes sont très souvent proches du réel, seul le facteur temps est trop réduit. Cependant, il m'est arrivé de constater que la réalité, parfois, dépassait la fiction.*
>
> *La passerelle possible entre la réalité et la fiction, c'est de s'inspirer d'un événement réel pour le romancer, mais pour certains délinquants, c'est de vivre ce qu'ils ont pu imaginer à travers la lecture d'un polar.*

Quand on lit un roman, c'est pour se changer les idées, que l'on soit enquêteur ou non. Quand tu l'écris et que tu es enquêteur, c'est peut-être un moyen pour toi d'avoir l'impression de maîtriser les choses, c'est certainement une autopsychothérapie. Il y a des choses qui sont trop dures à dire, alors autant les romancer, ça permet de les évacuer...

Michel Louvet

Les parcours obligés

Depuis le déclenchement d'une sirène, une véritable procédure s'enchaîne avec des phases établies avec précision. Qui trouve un corps sans vie ? Quels services spécialisés se succèdent ? Quelles sont les prérogatives de chacun d'entre eux ? Police ou gendarmerie ? À quel moment le parquet de la République intervient-il ? Substituts et procureurs, juges d'instruction, quels sont leurs rôles à l'égard des suspects, du supposé coupable, de l'enquêteur responsable ?

Un auteur n'a cependant pas besoin d'une formation policière ou judiciaire. Il se doit juste de vérifier les éléments fragiles d'une construction fictionnelle pour éviter les non-sens, et surtout le ridicule.

Les procédures sont encore souvent spécifiques dans la plupart des pays d'Europe, la Russie ou le monde anglo-saxon et chaque détail erroné conduira un lecteur avisé à un phénomène de rejet. Il ne faut pas non plus survoler ce que l'on ignore, même si la pratique littéraire de l'ellipse permet d'éviter de fréquenter des lieux trop méconnus de vous. Inutile de décrire des ambiances ignorées, de questionner des états d'âme dont vous n'avez pas idée.

L'audience judiciaire, le parloir d'un centre de détention ou celui d'une maison d'arrêt, la fréquentation d'un greffe répondent à des règles strictes et l'on ne peut les ignorer.

De même, si vous inventez un personnage incarcéré, la vie en détention ne peut être décrite d'une manière farfelue ou erronée. Une véritable étude de milieu, le recueil de témoignages d'anciens détenus, un travail documentaire s'imposeront. Si votre histoire se passe en France, ne faites pas vivre dans vos mots un pénitencier américain !

Les sujets abordés

Indéniablement, la plupart des auteurs traitent souvent dans leurs intrigues d'événements ou de faits divers ayant existé. Les casses spectaculaires, les cavales fantastiques, les effondrements psychologiques d'individus éprouvés débouchant sur des drames épouvantables, les trafics d'influence approchant les sphères des pouvoirs s'entassent régulièrement dans les colonnes des journaux ou dans les reportages télévisés. Les déferlantes d'actes insensés, les enlèvements d'enfants, la maltraitance ou la multiplication de crimes en série peuplent notre univers. Faut-il pour autant coller à tous ces thèmes pour tenter un premier livre ? Par-delà les faits éclaboussant l'actualité des médias, le roman tentera peut-être de faire comprendre et de dévoiler les mécanismes sociaux et pathologiques conduisant à des extrémités.

La critique sociale portée par la fiction romanesque

Depuis des décennies, de nombreux auteurs ont porté à la connaissance d'un large public de lecteurs un certain nombre d'informations, sociologiques, politiques, économiques ou morales. De graves dysfonctionnements des institutions judiciaires, pénitentiaires ou policières furent dénoncés, expliqués, analysés. Pourtant, quelle qu'en soit sa force, un livre de fiction n'a pas pour vocation de faire évoluer les structures concernées et les personnels qui les servent. Il ne peut agir que sur les mentalités individuelles, transformant les regards, mobilisant les attentions…

À titre d'exemples, voici quelques thèmes traités par des auteurs contemporains :

- la folie :

  « Que fait l'Apache, seul dans le désert ? Que faire, bordel, quand la femme de ma vie se sacrifie au Grand Manitou de la Folie ? »

  Patrick Mosconi, *La Nuit apache*

- la dictature chilienne :

  « Des militaires chiliens auraient vendu à des archéologues européens de fausses momies fabriquées avec les cadavres de leurs victimes… »

  Gérard Delteil, *Chili incarné*

- le petit monde des crapuleries quotidiennes :

  « La vérité, on a du mal à la voir en peinture. Et on préfère la garder pour soi. »

  Jean-Jacques Reboux, *La Cerise sur le gâteux*

- la guerre d'Algérie :

  « Barbès, pendant la guerre d'Algérie, une milice harkie fait régner la terreur… »

  Gérard Streiff, *Les Caves de la Goutte d'Or*

- le show-biz et son univers :

  « Bourges, vingtième anniversaire du Printemps. Vingt ans, ça suffit… »

  Hervé Prudon, *Vinyle Rondelle ne fait pas le printemps*

- la toxicomanie :

  « *Barbès brûle, Farida veut du speed...* »

  Marc Villard, La Porte de derrière

- la Rome antique :

  « *Des dessins de Michel-Ange ont été volés à la biblio-thèque vaticane...* »

  Fred Vargas, Ceux qui vont mourir te saluent

- le franquisme :

  « *Comment prévoir que deux gentils amoureux me conduiraient sur le sentier de la guerre d'Espagne ?* »

  Patrick Pécherot, Belleville-Barcelone

Paroles d'ancien perceur de coffres...

Le polar à la française a-t-il fait bouger quelque peu la police ? Je serai, pour une fois, laconique et catégorique. Les bavures qui se répètent à l'infini suffisent à m'en convaincre : non. Même le fameux petit journal *Que fait la police ?*, destiné à dénoncer les abus réguliers, n'a aucune influence sur les comportements de cow-boys de certains policiers.

Et la magistrature ? Question similaire : réponse similaire. Les magistrats sont toujours présents pour faire appliquer les lois souvent iniques des puissants, votées, dans la plupart des cas, pour maintenir les plus modestes en état de soumission et de dépendance.

Serge Livrozet

La vie urbaine et la ville, moteurs du roman

La société réelle sera votre théâtre. Vraie ville ou décor reconstitué dans l'imaginaire ? Attention, si vous choisissez de vrais lieux, il faut les connaître, les faire reconnaître par votre lecteur et toujours être crédible…

Depuis plusieurs décennies, la ville tentaculaire et les banlieues anxiogènes de tous les malheurs servent de décors à de nombreuses intrigues où la pauvreté, le chômage, la violence et la drogue semblent des passages obligés. À cette occasion, faites attention aux caricatures, aux lieux communs, aux poncifs.

Une cité excentrée peut aussi protéger un amour, aider à grandir, receler des trésors d'humanité. Il convient de se méfier des clichés convenus, des images colportées par le tout médiatique qu'un auteur redistribue parfois dans un texte sans même y penser.

La ville décor ou la ville sujet ?

Quelle place allez-vous donner au décor utilisé ? Est-ce seulement un décor ou plutôt la question centrale de l'urbanité que le roman policier interroge ?

Le regard de l'auteur embrasse évidemment la société dans ses rouages, cadre et contexte du roman criminel d'aujourd'hui.

Tout en mettant des personnages en mouvement, il convient aussi de réfléchir au discours que vous allez mettre en œuvre pour crédibiliser l'ensemble de votre construction.

Dans la plupart des romans noirs, la ville apparaît comme la principale thématique, et prend un rôle structurel.

La ville, telle qu'elle se dévoile, distribue les questions sociales, offrant à qui veut s'en emparer toutes les difficultés qu'elle sécrète comme décor, intrigue annexe, sujet.

La ville brille, la ville noircit. Le chic et le sombre. L'affiché et le caché. Ses côtés face et pile compliquent la lecture que l'on peut faire de l'urbanité dévoreuse de certitudes, de bonheurs et d'épanouissement. Comme dans la réalité, des sans-abri peuplent désormais les pages de nombreux romans. Avec ses exclus et ses plaintes, la ville est devenue personnage à part entière, bourreau et victime. Et si les criminels hantent les rues de nos livres, la ville s'impose comme lieu symbolique du récit. Sous les plumes des auteurs de polar, elle devient un sujet de regard, d'analyse, de dénonciation.

Une ville vivante truffée de contradictions

Le choix de la localisation d'un livre dans une ville en particulier s'accompagne parfois d'un contexte humain singulier, permettant d'aborder des mœurs différentes, évoquer et faire vivre des cultures minoritaires.

Faire vivre la ville, c'est aussi lui donner l'occasion de respirer, comme un personnage. Il convient de faire battre son cœur, de donner à voir ses défauts, ses qualités, son histoire parfois.

Si vous ne connaissez pas le Bronx, ne le choisissez pas comme lieu d'implantation de votre roman ! Inutile désormais de « faire américain » pour étaler de fausses couleurs d'angoisse. N'importe quel site urbain ou rural peut accueillir une intrigue policière. La meilleure formule reste celle de la connaissance.

Utilisez des lieux familiers pour faire évoluer votre histoire et vos personnages. D'abord, parce que vous apprendrez sans doute quelque chose à vos lecteurs, ensuite un lieu précis connu de vous pourra vous aider dans l'écriture elle-même. C'est-à-dire qu'à l'occasion d'une faiblesse ponctuelle ou partielle de votre fiction en train d'être racontée, vous pourrez vous « appuyer » sur des éléments de décor, en évoquant leur réalité, leur origine, leur histoire particulière, selon votre intérêt.

- Jacques Gandin arriva soudain place Léon-Blum... Sans savoir pourquoi, il se rappelait sa grand-mère l'entraînant jadis place Voltaire au sortir de la communale de la rue Keller. C'était le même endroit bien sûr, où trône stupidement la mairie du XIe arrondissement. La statue de Blum a remplacé celle de Voltaire, fondue par les nazis pour en faire des canons, et la guillotine, brûlée là en 1871 par les communards, n'effraie plus personne. Le Cadran du XIe existait encore. Gandin se dit alors...

- Elle avait dit à Marc, rendez-vous à la Bastille, devant l'Opéra... Il était là, immobile en haut des marches de l'immense édifice, la tête vide. Soudain, il regarda la colonne de Juillet avec tendresse. Une symphonie de Berlioz s'emparait de son esprit, puis c'était les cortèges et les manifestants contre la guerre d'Algérie qui hurlaient pour la paix. Il repensa à la vieille gare que le temple de la musique voulu par Jack Lang remplaçait d'une manière guère harmonieuse... Manquaient juste les CRS qui pour une fois devaient être en RTT...

Fantasmes et lieux communs

Bien que souvent asexués dans les premières décennies de leur apparition et de leur impact, les romans policiers, comme toute littérature dite populaire, taillent une belle part aux relations convenues entre hommes et femmes. Hélas, il s'agit trop souvent de clichés, de passages obligés, de stéréotypes glacés où l'humain disparaît derrière une fonction manipulatrice, flattant les mauvais réflexes psychologiques d'un lectorat bercé par toute une imagerie conditionnée, parfois fantasmée.

Les femmes, guère respectées
par le genre policier

Jamais de véritable amour vécu pour l'enquêteur type, sa solitude renforce peut-être ses compétences d'investigations. Le roman d'espionnage ou d'aventures a souvent reflété, jusqu'à la caricature, la misogynie ambiante selon les époques.

Les espionnes couchent toujours avec le premier héros venu et Mme Maigret n'existe que pour apporter quelques références culinaires à l'emporte-pièce et penser à faire nettoyer le costume du héros... Elle est toujours l'épouse, la mère, la cuisinière au foyer, jamais une maîtresse... Nestor Burma dédaigne les avances naïves et amoureuses d'Hélène, sa douce et jolie secrétaire, lui préférant souvent les évaporées scabreuses, ou les sombres femmes fatales… Faites attention à ne pas reproduire à l'identique des automatismes et des comportements de personnages qui, bien évidemment, sont en résonance avec des rôles sociaux traditionnellement admis ou peu combattus.

Paroles d'écrivain…

Comment les femmes ne trouveraient-elles pas leur place dans l'univers du polar ? Il existe des femmes criminelles, des femmes flics, juges, enquêtrices.

Cependant, la représentation des femmes dans le roman policier n'a guère évolué. Il y a toujours eu des femmes stéréotypes et des femmes complexes. On revient là à la question de la qualité d'écriture. Il y a toujours eu de bons et de mauvais polars, qui traitent la question de la femme, de l'homme, des enfants, des relations humaines, avec plus ou moins de subtilités. Si on remonte au roman gothique anglais, on trouve déjà des femmes complexes, passionnelles, passionnantes, et des bimbos sans cervelle !

En tant que femme et écrivain, le polar ne m'a jamais dérangée. Secouée parfois, remise en question, mais c'est ce que j'y cherche. Je trouve que c'est un vivier génial, plein d'énergie, d'expérimentations, d'écrivains, d'humanité… Certains livres ne correspondent pas à ce que je recherche en littérature, mais comme ailleurs. Il m'arrive d'être déçue par des livres, mais pas dérangée, jamais.

Stéphanie Benson

Écriture et humanisme

Même si certains puristes du genre estiment qu'une histoire policière ne doit pas être mélangée avec d'autres éléments, incontestablement les lecteurs aiment trouver de « l'humain » et des questionnements existentiels en contrepoint d'une intrigue. Dans ce domaine, cependant, trop de romans évoluent avec une lourdeur manifeste. Les relations humaines taillées à la serpe et la domination machiste ne constituent pas des passages obligés du genre littéraire que vous avez choisi !

Il convient de laisser les vieux archétypes des représentations féminines de côté pour vous lancer sur des pistes plus originales.

En effet, des centaines de romans policiers nous offrent toujours la même gamme de personnages féminins :

- la vamp décolorée ;

- la pute sympathique, plus vraiment jeune ;

- la pauvre victime, sans grâce et chosifiée ;

- l'entraîneuse brésilienne (ancien footballeur) ;

- la mère de famille trompée et sans le sou ;

- l'étudiante brillante et un peu chaude ;

- la bourgeoise désagréable menant une double vie ;

- la chanteuse à la voix cassée ;

- la demi-mondaine vénale ;

- la bourgeoise odieuse, sans valeurs morales.

Évitez les poncifs et les idées toutes faites. Les relations entre les femmes et les hommes, qu'elles soient hétéro ou homosexuelles, hantent la plupart des ouvrages de tous les genres. Comment les aborder sans tomber dans les pièges évoqués ci-dessus ? Par les personnages, bien sûr ! Si vous éprouvez l'envie de créer une femme flic, la préférez-vous mère de famille lesbienne ou rockeuse marchant vers Saint-Jacques-de-Compostelle ? Des chapitres entiers ne seront pas évidemment les mêmes, votre construction d'ensemble non plus.

Vous devez aborder les relations humaines d'une manière simple, réaliste, loin de tout manichéisme. Et au lieu de renforcer ce qui tire vers le bas, essayez de proposer un soupçon d'harmonie, d'espérance, dans un monde bien rude.

Il faut toujours se méfier des caricatures, des lieux communs, des idées préconçues que l'on distille dans un livre presque automatiquement. Il faut peser la valeur et le signifiant de tout ce que l'on va écrire. Si un polar s'insurge contre une faille sociétale, ne renforcez pas les automatismes des places distribuées sans vous.

De faux passages obligés

Dans le domaine des clichés et des éléments trop souvent récurrents, le genre policier n'oblige pas à retrouver, à rythmes réguliers, des situations calquées sur d'autres livres qui n'apportent absolument rien à une intrigue. Soyez vigilant et faites la chasse à des facilités temporelles et récurrentes dans le déroulé même d'une histoire, qui n'apportent rien d'autre qu'une certaine exaspération. Les codes du genre littéraire n'obligent en aucune manière à recopier à l'identique des pseudo-passages obligés. En voici quelques-uns parmi tant d'autres :

- l'enquêteur et ses phases alcooliques et désabusées ;
- le passage sous la douche permettant la réflexion ;
- l'assassinat sous la douche (ou dans la baignoire) ;
- les verres de whisky qui aident à la gamberge (ou les bocks de bière ayant la même fonction) ;
- l'affaire non encore résolue enlevée par la hiérarchie ;
- la transpiration des femmes brunes ;
- les descriptions physiques stéréotypées ;
- le téléphone qui sonne à tout moment.

Ce qui peut mettre
l'auteur en péril

La mort violente, la drogue, l'inceste, la pédophilie, la barbarie, le sang à la une : la palette est vaste pour déterminer le registre dans lequel vous allez bâtir une intrigue. Ces catégories violentes ne sont en rien obligatoires. Un meurtre ordinaire commis par n'importe qui d'ordinaire peut aussi donner lieu à un formidable livre, dès lors que votre écriture enchantera.

Quand on s'immerge dans ce qui constitue le terreau du roman policier, il importe de cadrer pour soi-même ce que l'on est capable d'aborder, de mettre en scène, d'écrire.

Il apparaît inutile de trop s'investir dans le scabreux pour viser l'originalité. Bien sûr, les questions d'actualité, les faits divers monstrueux, les sujets de société brûlants peuvent donner envie de les investir de la plume pour faire entendre une voix complice ou dissonante. Certains auteurs se complaisent à décrire l'horreur, détaillant d'atroces scènes de crime, multipliant les images de la violence ordinaire. La force d'un texte ne me semble pas dépendante de la description plus ou moins réaliste de scènes ensanglantées. Faire gore ou pas gore ne me semble pas la question clé de la réussite d'un livre.

Paroles d'écrivain...

> *Dans l'univers criminel abordé par les polars, ce qui me passionne est la notion de transgression. Pourquoi certains font ce que la plupart d'entre nous ne font pas, comment ils s'y prennent pour pouvoir continuer, et comment d'autres arrivent à les en empêcher...*

Stéphanie Benson

De la fragilisation à la perte d'espérance

Rentrer dans certains univers difficiles et s'attacher aux pas de personnages brisés n'est pas sans danger pour soi-même. Il faut juste s'évertuer à en prendre conscience. La projection personnelle de l'auteur dans son œuvre comporte des risques réels de fragilisation, de dépression, d'attitudes mortifères.

Paroles d'écrivain...

> *Je pense qu'il n'y a pas de sujet tabou, mais si l'on choisit un sujet sensible, il faut s'attendre à être bousculé si l'on n'est pas percutant, précis, attentif. Dans l'écriture, certains auteurs ne peuvent exister sans se mettre en danger, des gens comme Antonin Artaud, Gérard de Nerval ou Robin Cook ont commencé à écrire pour mal finir...*

Patrick Raynal

Derrière le « je » narratif – notamment dans des textes extrêmes –, l'auteur, en s'identifiant malgré lui à un personnage, peut s'abîmer lui-même... Ainsi la littérature noire a-t-elle perdu l'un de ses meilleurs écrivains : Robin Cook (1931-1994), qui, de livre en livre, descendait peu à peu en enfer :

> « *Dans le roman noir, c'est la mort de l'autre qui essaie de vous détruire ; et c'est cela qui donne parfois de la*

tendresse à notre écriture, bien que la tendresse arrive presque toujours trop tard. Et pourtant, l'amour est si réel quand l'écriture est bonne que vous croyez pratiquement l'atteindre et le toucher, de la même façon que vous embrasseriez l'épaule de votre compagne dans l'obscurité ; l'écrivain de romans noirs n'a qu'une seule terreur vis-à-vis de l'amour, et c'est, bien sûr, celle de le perdre... S'il est vrai que parfois j'entre en désespoir (et c'est vrai), c'est le défi du roman noir tel que je le vois. Je peuple mes livres de gens gaspillés qui ne comprennent pas pourquoi ils doivent descendre la pente sans même une plainte. Mes livres sont pleins de gens qui, sachant qu'ils ont été abandonnés par la société, la quitte d'une façon si honteuse pour elle qu'elle ne fait jamais mention d'eux. Et c'est pourquoi J'étais Dora Suarez *(éditions Rivages) n'est pas seulement un roman noir, et qu'il va encore plus loin, pour devenir un roman en deuil. »*

Robin Cook, présentation de J'étais Dora Suarez

Si le roman policier permet une véritable étude sociologique et un travail d'investigation en profondeur quant aux dysfonctionnements des individus et des structures, il me semble également poser les questions fondamentales de la norme comportementale et de la transgression personnelle.

Et si la société nous montre chaque jour qu'elle génère de façon récurrente et morbide des monstres agissants, renouvelant ainsi à l'infini la notion même de cruauté, traiter de ces univers pervers et pathogènes oblige l'auteur à se questionner sur sa propre capacité de résistance avant d'aborder l'étalage d'univers trop sordides et de situations extrêmes.

Paroles d'ancien enquêteur...

J'ai travaillé sur des dossiers sensibles (pédophilie, inceste, viols), doit-on en faire des contextes d'intrigues ?

Autant on peut construire une intrigue romanesque sur un « serial violeur » ou sur un réseau pédophile (regroupant les clichés habituels : les pauvres vendent leurs enfants aux riches bourgeois), autant, sur l'inceste, cela me paraît peu plausible, car c'est une atteinte profonde aux valeurs humaines et c'est surtout un huis clos entre le parent et l'enfant.

Dans mon travail, j'ai parfois côtoyé la douleur, le sordide, l'épouvantable... Comment ne pas être fragilisé ?

Dans l'écrit, un texte peut déstabiliser ou perturber l'auteur s'il vit totalement le personnage qu'il est en train de créer. Je ne suis pas sûr que les auteurs sortent indemnes de ce qu'ils inventent, mais surtout que tout n'est qu'invention consciente. Peut-être faut-il se poser la question de ce que l'écrit révèle de la pensée inconsciente d'un auteur ?

Michel Louvet

Pour conclure

Derrière une construction romanesque quelle qu'elle soit, l'auteur marque toujours avec plus ou moins d'épaisseur, volontairement ou involontairement, sa propre présence. Il est là, avec tout ce qui fait la construction de sa propre existence, de son histoire de vie.

Un thème de livre n'est jamais innocent

Les références de l'auteur, ses pensées, ses idées et son rapport au monde s'invitent toujours entre les lignes, même si le sujet, l'intrigue, le contexte du roman apparaissent éloignés de ses propres réalités. On ne décide jamais d'écrire innocemment, et si le point de départ reste une décision floue et imprécise basée sur un jeu, un pari, une envie spontanée, très vite l'investissement sera d'une tout autre nature. Il y aura toujours de l'urgence à dire, de la nécessité à s'exprimer, comme de la survie à gagner, à imposer.

Sans être totalement transparent et à peine maquillé derrière l'un de ses personnages, l'écrivain a évidemment son mot à dire sur la machinerie qu'il crée, notamment à l'égard de ce qu'il nous donne à découvrir, à lire, à apprécier ou non.

Des questions pertinentes affleurent alors autour du rapport qu'entretient l'écrivain à son œuvre.

- Est-il complaisant à l'égard de la transgression sociale ou morale qu'il met en scène dans son ouvrage ?

- Que pense-t-il réellement des êtres bousculés qu'il nous fait suivre, aimer ou détester, dans les dédales d'une société en crise ou d'un effondrement mental individuel pouvant conduire sans alternative à la criminalité ?

- Dans quelle mesure l'auteur se projette-t-il dans son œuvre, dans ses choix, dans la logique de l'intrigue ?

Il n'y a jamais d'innocence ou de hasard dans le choix d'un thème de travail littéraire. Interrogez-vous sur vous-même quand votre structure sera presque construite, avant d'écrire.

Savoir avec précision pourquoi on se lance dans telle ou telle direction permettra évidemment une implication plus forte de votre part, induisant une pertinence de propos, une réelle efficacité pour convaincre et capter votre lecteur.

Si l'acte d'écrire correspond toujours à une nécessité de dire et de se dire, le choix précis du genre policier souligne aussi l'importance du regard que l'on porte sur l'état du monde et ses conséquences, directes ou indirectes, sur la fragilité des humains, sur des pratiques transgressives qui nous questionnent.

Rencontrer l'univers du crime

En fonction de vos personnages et des grands thèmes abordés par l'intrigue, votre projet de livre va nécessairement se confronter à la misère sociale ou psychologique, à la transgression voulue ou induite, à la noirceur des quotidiens. Devez-vous accompagner le drame ou l'aérer avec des contrepoints de respiration et des bulles d'air plus heureuses ? S'il s'agit d'un travail abordant le domaine du politique et des affaires souvent peu reluisantes qui peuvent s'y rattacher, resterez-vous dans le constat ou allez-vous inventer un autre regard sur une démocratie salutaire à imaginer, au moyen d'un personnage utopique et rêveur ?

Vous serez sans cesse présent dans le choix des mots, des situations décrites, des images induites ou suggérées. Alors nécessairement, l'auteur doit appréhender avec précision à quelle distance il se positionne face à sa création, ce qu'il en pense, ce qu'il livre de lui-même en termes de pensées, d'affect et d'implication dans une histoire inventée.

Paroles d'écrivain...

> *Il importe de toujours écrire un livre qu'on aimerait lire. Sans jamais s'occuper de rien d'autre. L'auteur qui écrit en s'inquiétant de savoir si son livre va intéresser tel ou tel lecteur a toujours tout faux. L'auteur universel qui plaît à tout le monde ne saurait exister.*

Serge Livrozet

Ces quelques chapitres ont tenté de brosser l'univers et les grands courants du roman policier avant de rentrer plus précisément dans une sorte d'accompagnement pour qui veut s'essayer dans le genre.

Je crois avoir insisté au cours de ces pages sur le travail de la langue, sur l'écriture elle-même, sur l'univers urbain, le milieu étudié.

La structure apparaît essentielle ; avant d'écrire un récit, amusez-vous à traduire l'idée des trois niveaux de l'intrigue (au minimum) en élaborant un schéma, un conducteur, qui vous fera découvrir le squelette de votre histoire. Un cadavre de plus, en somme !

Maintenant, commencez votre manuscrit, avancez, achevez-le. Les premiers jets aboutis, un long travail de réécriture vous attend. Ne le négligez pas, c'est à ce moment-là que débutera réellement votre travail littéraire.

Voici quelques règles à toujours garder en tête lorsque vous vous pencherez sur votre manuscrit.

Les Petites Règles d'or du roman policier

1. Trouvez le « la ». Un roman, ce n'est pas un thème ou une idée à développer, mais un enchevêtrement de mots, comme les notes d'une symphonie, c'est une composition, une partition…

2. Choisissez le meilleur narrateur possible, interne ou externe, et le temps du récit ! Attention aux idées reçues : écrire au présent, c'est difficile !

3. Connaissez vos personnages comme vous-même ! Laissez toujours entre les mains du personnage principal son appréciation de ce qui fait crise. Maltraitez vos personnages, le conflit permanent est aux postes de commande…

4. Privilégiez et soignez vos dialogues. Les parties dialoguées donnent de la vie, de la rapidité, de l'accélération au récit. Elles font avancer l'histoire et permettent des ruptures pour le lecteur, afin de toujours capter son attention.

5. Ne négligez pas les trois niveaux d'intrigues entremêlées. Les chassés-croisés permettent de donner une existence forte à votre histoire, offrant une réelle épaisseur à l'intrigue principale.

6. Soignez votre climat, vos ambiances. Le lecteur choisit le plus souvent un univers en lisant un livre, par-delà l'intrigue et les faits rapportés.

● ● ●

• • •

7. Ne prenez pas systématiquement votre lecteur pour un ignorant et soyez dans l'exactitude, soignez sans cesse votre documentation.

8. Restez toujours non pas dans la vérité, mais dans le vraisemblable.

9. N'oubliez jamais qu'un personnage vit sa vie, qu'il pense, aime, déteste... Ne soyez jamais complaisant avec vos créatures !

10. Et si, au détour d'un chapitre, un personnage vous échappe, laissez-le vous entraîner dans un lieu ou un événement que vous n'aviez pas prévu au début de l'écriture...

Une fois l'œuvre achevée, un autre parcours du combattant s'ouvrira devant vous pour en tenter l'édition. C'est évidemment le plus grand mal que l'on peut vous souhaiter...

La plupart des maisons d'édition ont ouvert des collections noires ou policières. Découvrez leurs catalogues, comprenez leurs lignes éditoriales. Une fois cette étude réalisée, vous saurez à qui envoyer votre création.

D'ici là, bon courage à celles et ceux qui estiment pouvoir se jeter dans l'écriture d'un polar une fois ce livre refermé...

ANNEXES

Index des noms propres
(auteurs et personnages)

Index des œuvres citées

Index des notions

Bibliographie

BENACQUISTA Tonino, « Le 17 juillet 1994, entre 22 et 23 heures » in *Douze et amères*, Fleuve Noir, 1997.

CÉLINE Louis-Ferdinand, *Voyage au bout de la nuit*, Folio, 1972.

CHANDLER Raymond, *Les Dix Règles de Raymond Chandler*, in *Quelques remarques sur le roman de mystère*, Christian Bourgois, 1949.

CHRISTIE Agatha, *Je ne suis pas coupable*, Librairie des Champs-Élysées, 1967.

COOK Robin, *J'étais Dora Suarez*, Rivages, 1990.

DAENINCKX Didier, *Un château en Bohême*, Denoël, 1994.

DELACORTA, « Coup de lune », in *Douze et amères*, Fleuve Noir, 1997.

DELTEIL Gérard, *Chili incarné*, Le Poulpe, Baleine, 1996.

DEMURE Jean-Paul, *Aix abrupto*, Série Noire, Gallimard, 1987.

DOYLE Conan, *L'Escarboucle bleue*, in *La Bande mouchetée*, quatre aventures de Sherlock Holmes, Librio, 2001.

GABORIAU Émile, *La Corde au cou*, L'Instant Noir, 1987.

GOODIS David, *Descente aux enfers*, Glancier-Guénaud, 1986.

JONQUET Thierry, *La Vie de ma mère !*, Série Noire, Gallimard, 1994.

LACLAVETINE Jean-Marie, *En douceur*, Folio, 1993.

MALET Léo, *Corrida aux Champs-Élysées*, Fleuve Noir, 1966.

MANCHETTE Jean-Patrick,
Fatale, Folio, 1995.
La Position du tireur couché, Gallimard Folio Policier, 1998.

MARIE ET JOSEPH, *Le Petit Roi de Chimérie*, Série Noire, Gallimard, 1988.

MOSCONI Patrick, *Nuit apache*, Série Noire, Gallimard, 1990.

PAMBRUN Anne, *Histoire du roman policier*, www.bibliosurf.com, 2006.

PAROT Jean-François, *Le Fantôme de la rue Royale*, 10/18, 2003.

PÉCHEROT Patrick, *Belleville-Barcelone*, Série Noire, Gallimard, 2003.

PENNAC Daniel, *Au bonheur des ogres*, Série Noire, Gallimard, 1985.

POUY Jean-Bernard,
L'Homme à l'oreille croquée, Gallimard Folio Policier, 1998.
« Présentation du Poulpe », Baleine, 1996.

PRUDHON Hervé, *Vinyle, Rondelle ne fait pas le printemps*, Série Noire, Gallimard, 1996.

REBOUX Jean-Jacques, *La Cerise sur le gâteux*, Le Poulpe, Baleine, 1996.

SIMENON Georges,
Le Pendu de Saint-Pholien, Fayard, 1974.
Maigret et le corps sans tête, Presses de la Cité, 1995.

STREIFF Gérard, *Les Caves de la Goutte d'Or*, Baleine, 2001.

VAN DINE S.S., « Vingt règles pour le crime d'auteur du roman policier », in *American magazine*, septembre 1928.

Vargas Fred,

> *Ceux qui vont mourir te saluent*, Viviane Hamy, 1994.
> *Un peu plus loin sur la droite*, J'ai lu, 2000.

Vilar Jean-François, *Bastille tango*, Babel Noir, 1999.

Villard Marc, *La Porte de derrière*, Série Noire, Gallimard, 1993.

www.ingramcontent.com/pod-product-compliance
Lightning Source LLC
Chambersburg PA
CBHW071132280326
41935CB00010B/1198